포항지역 반외세 항쟁사

03
융합문명연구원 포항학총서

포항지역 반외세 항쟁사

이상준

도서출판 나루

들어가며

   포항은 동쪽 끝에서 바다로 들어오는 외세들의 관문이었기에 예로부터 해방(海防)의 전략 요충지였다. 시대별로 살펴본다면, 삼국시대는 고구려와 신라가 접경을 두고 팽팽히 대립했던 곳이었다. 고려 시대는 북방 여진족과 남쪽 왜구의 잦은 침입을 막아야 했다. 조선 임진왜란 때는 경주부로 침입하는 왜적을 최전선에서 격퇴해야 했기 때문에 전란에 대한 피해가 클 수밖에 없었다. 그것은 임진 4월 왜군이 처음 침입했을 때도 그랬지만, 정유재란의 병화는 더 컸다. 더구나 소위 평화교섭이 진행되던 3년 동안에도 다른 지역과는 달리 이곳에서는 전투가 끊임없이 계속되었다.

   명성황후시해사건 후 포항 기계면을 중심으로 일어났던 영일의진과 을사늑약 체결 후 옛 포항지역을 중심으로 전개되었던 산남의진(山南義陣)의 규모와 활동은 지역사를 넘어 한국사에서도 간과할 수 없다. 『한국독립운동지혈사』에 그 규모가 9회에 걸쳐 참가 연인원이 2,900명이라고 밝힌 포항의 3·1운동도 결코 무시할 수 없는 외세 투쟁사이다. 이처럼 포항지역은 난세에 수없이 많은 외세침략에 맞서 싸운 곳이다.

이 글은 지정학적 위치로 인해 이곳에 살고 있던 사람들이 역사의 고비마다 향토의 수호라는 시대적 과제를 극복해야만 했던 행적에 대한 기록이다. 그동안 포항지역 반외세 항쟁에 관한 체계적인 연구는 배용일·이상준이 2017년에 발간한 『포항의 독립운동사』, 이상준이 2016년에 펴낸 『포항의 3·1운동사』, 2021년 김일광이 발행한 『산남의진 의병장 최세윤』 등 3권의 단행본이 있고, 권대웅의 「농고(農皐) 최세윤(崔世允)의 생애와 의병투쟁」, 권영배의 「산남의진의 활동과 성격」, 배용일의 「산남의진고-정환직·정용기 부자 의병장 활동을 중심으로」 및 「산남의진과 제3대 최세윤 의병대장 연구」, 배용일·이상준의 「최세윤 의병대장 항일투쟁고-최세윤 의병대장을 비롯한 의병항쟁의 스토리텔링 화를 중심으로」 정도를 꼽을 수 있다.

그러나 위의 연구들은 3·1운동과 구한말 독립운동사를 중심으로 진행되면서 임진왜란 때 이 지역 의병 활동에 대한 기록이 부족했다. 그래서 이 글을 쓸 때는 삼국·고대시대 동여진 및 왜구의 창궐로부터 조선 전기의 지역 방어체계, 임진왜란 시 지역민들의 의병항쟁, 한 말 반봉건·반외세에 횃불을 든 포항인들의 활약상, 동학과 영해 민란, 일제강점기 항일독립운동 중 을미의병·산남의진·장기의진 그리고 일제 병탄 후 지역에서 일어났던 구국 계몽운동·민족교육운동·종교운동·국내외 독립운동 등 시대별로 포항권에서 벌어진 항쟁사를 수집, 정리하는 것을 우선 과제로 잡았다.

하지만 지면과 여러 여건상 삼국시대부터 조선 전기까지의 외세 방어 활동, 임진왜란 시 지역 의병항쟁, 지역민이 주축이 된 영해 동학혁명 그리고 구한말 지역에서 일어났던 을미의병과 산남의진까지만 여기서 언급하고자 한다. 이 연구에 이어 앞으로 포항지역 외세 항쟁사를 총체적으로 정리한 글이 계속 발표되었으면 하는 바람이다.

이상준

목차

들어가며

제1부
조선 전기까지 지역의 외세 방어 활동

삼국·고대시대 동여진 및 왜구의 창궐   13
조선 전기 방어 활동   20

제2부
임진왜란과 지역 의병의 활동

임진왜란 개전 초기 지역 상황   29
포항권 의병과 관군의 항전 활동   36
포항권 의병들이 참여한 주요 전투   46

제3부
한 말 반봉건·반외세에 횃불을 든 포항인

위정척사 운동   87
을미의병   93
영해 동학혁명과 포항사람들   123
산남의진(山南義陣) 주무대   133

맺는말

참고문헌

1

조선 전기까지
지역의 외세 방어 활동

삼국·고대시대 동여진 및 왜구의 창궐

　근대 교통이 발달하기 이전부터 포항은 육지로는 현재의 동해 안 '7번 국도' 옛길이 있었고, 바다로는 동아시아를 아우르는 뱃 길이 있었다. 뱃길은 러시아연방의 시베리아 연해주를 따라 남 하하는 리만해류와 북태평양 서부와 일본열도 남쪽을 따라 북쪽 과 동쪽으로 흐르는 구로시오해류를 타고 형성된 것이다. 예로 부터 동해안 동쪽 끝에서 바다로 들어오는 외세들이 이 해류를 타고 드나들었기에 그 관문에 해당하는 포항은 북방 여진족이 나 남쪽 섬나라 왜적(倭賊)의 침입을 막는 해방(海防)의 전략 요충 지였다. 이런 지정학적 위치로 인해 이곳에 살고 있던 사람들은 역사의 고비마다 향토의 수호라는 시대적 과제를 극복해야만 했 다.

　외세 침입은 삼국시대부터 있었다. 왜적들이 신라로 침입하 기 위해서는 길목인 포항지역 바다를 자주 거쳐 갔다. 이 때문에 왜구의 잦은 침입과 노략질로 주민들은 큰 고초를 겪었다. 『삼국사기』「신라본기」에서 찾을 수 있는 왜구의 침입은 신라 초인 서기 14년(남해왕 11)부터 있었다. 왜구가 병선 100여 척으로 동해안 해변의 민가를 노략질하므로 왕은 6부의 정병을 보내 막게 했다.[1] 이로부터 왜구는 731년(성덕왕 30)에 이르기까지 30차례나 동해안을 침공하였다. 393년(내물왕 38) 5월에는 동해안을 따라 들어온 왜적들이 5일 동안 경주 금성을 포위했으나, 신라군에 밀려 퇴각하다 이를 추적한 신라 보병 4만 명에게 독산(현재의 포항 북구 신광면)에서 포위돼 대패하고 물러났다.[2] 405년(실성왕 4)에 왜적이 경주로 쳐들어오다가 패주함으로 왕이 친히 기병을 거느리고 독산 남쪽으로 나가서 요새지에 복병하고 있다가 적을 맞아 300여 명을 참획하였다.[3] 444년(눌지왕 28) 4월에도 왜구가 쳐들어와서 금성을 10일간 포위하고 있다가 식량이 떨어져 패주하는 것을 왕이 기병 수천 명을 거느리고 쫓아가 독산 동쪽에서 싸웠으나 오히려 적에게 패하여 장병들을 절반이나 잃었다. 459년(자비왕 2) 4월에도 왜적들이 왜선 100여 선을 거느리고 동쪽 변방을 습격하고 들어와서 월성을 포위하고 공격하였다. 왕이 군사를 정비하여 성을 수비하였으므로 적들은 곧 퇴

---

1   김부식 지음 이병도 역주, 『삼국사기』, 을류문화사, 1996, p.22
2   김부식, 위의 책, p.69
3   김부식, 위의 책, p.71

주하였다. 왕이 군사를 인솔하여 퇴주하는 적을 쫓아 북쪽 바닷가 입구(지금의 포항 부근)까지 추격하여 이를 격파하였는데 익사하여 죽은 왜적의 숫자가 반이 넘었다.[4] 그 후에도 동해안을 따라 침범하는 왜구의 노략질은 계속되어 493년(소지왕 15) 7월에는 임해(臨海 : 경주시 모화리)와 장령(長嶺 : 경주 동쪽 25리)[5]에 이진(二鎭)을 두어서 왜적을 방비하였다.[6]

이런 외세들의 침입을 효과적으로 방어하기 위해 신라는 5세기부터 6세기에 걸쳐 국방을 크게 강화하면서 왜구 침범이 잦은 지역과 중요한 국경 지역에 성을 쌓아 방비하였다. 특히 서라벌로 침공해 들어오는 왜구를 막기 위하여 해안에 산성을 쌓고 이를 연결하는 방어선을 구축하였다. 지증왕 5년(504년) 9월 미실성(彌實城 : 흥해의 미질부성)과 더불어 12개의 성을 쌓았고[7], 문무왕 13년에도 우리 지역에 쌓은 북형산성(北兄山城)을 비롯하여 전국에 10개의 성을 쌓거나 증축했다.[8] 이밖에도 장기 구(旧)읍성(장기면 수성리 잣산 소재), 만리산성(万里山城 : 오천읍 진전리와 장

---

4   김부식, 위의 책, p.75
5   현재의 포항 장기면과 경주의 경계 어디쯤으로 추정된다.
6   김부식, 위의 책, p.78
7   김부식, 위의 책, p.88
8   김부식, 위의 책, pp.183~184. 여기에 언급된 미실성이란 흥해의 남미질부성(흥해읍 남성 3동 池山)과 북미질부성(흥해읍 흥안 2동)을 총칭하는 것이다.

기면 산서리 경계), 뇌성산성(磊城山城 : 장기면 모포리), 고읍성(古邑城 : 대송면 장흥동, 현 제철동), 청하의 하방성(河芳城 : 청하면 고현리), 오천의 고현성(古縣城 : 오천읍 원리) 신광 토성(신광면 토성리), 기계의 문성산성(기계면 문성리) 등도 축성법으로 보아 신라 시대 축조한 것으로 추정하고 있다. 바다도 예외는 아니었다. 신라 때 포항 북구 월포 2리 개포에 수군진을 설치하고 병선을 배치했으며, 성 밖 3곳에 해자(垓字)를 설치하였다.

고려 시대는 특히 성을 더 많이 쌓았다. 이는 거란, 여진, 몽골, 왜 등 외적의 침입이 잦았던 시대적 상황이 반영된 것이다. 특히 고려 초 11세기 전반 지금의 함경도 지방에 살고 있던 여진족(동여진)은 호시탐탐 고려 땅을 노략질했다. 산악지대라 농사지을 땅이 모자라 식량 부족에 시달리던 여진족이 아사를 벗어나기 위한 손쉬운 방법은 약탈이었다. 그래서 배를 타고 동해안과 울릉도, 일본 규슈를 다니며 해적질을 했다.

1011년(현종 2)에는 동여진이 동경(東京 : 경주)을 약탈했다.[9] 100여 척 배를 타고 함경도에서 경북 동해안까지 내려와 해안을 따라 청하(淸河), 흥해(興海), 영일(迎日), 장기(長鬐) 등 바닷가에 상륙하여 경주 내륙까지 서슴지 않고 약탈을 자행한 것이다.

---

9   『고려사』「병지」2

이에 현종은 그해 경북 동해안 영일, 흥해[10], 장기 등지와 울산의 울주(蔚州)에 성을 쌓았다.[11] 동여진 해적은 이듬해 현종 3년(1012년)에도 경주는 물론이고 청하, 영일, 장기 등지까지 침략하여 짓밟았다. 그 규모가 워낙 막대하여 선병도부서(船兵都部署)[12]의 문연(文演)·강민첨(姜民瞻)·이인택(李仁澤)·조자기(曺子奇)까지 내려와서 주·군의 군사를 독려하여 이를 쳐서 달아나게 했다.[13] 1018년(현종 9)에는 동여진이 청하, 연일, 장기현을 침략하고 오늘날 울릉도인 우산국(于山國)까지 짓밟았다. 이런 동여진 해적들의 약탈과 만행은 고려 초부터 100여 년간 이어졌다. 『동사강목』에는 '동여진이 배를 타고 침략한 것은 이루 다 기록할 수 없다.'라고 했다.[14]

남쪽 왜구도 만만치 않았다. 14세기 동해안은 왜구의 극심한 분탕질로 백성들이 곤욕을 치렀다. 당시 왜구의 창궐은 일본 국내의 혼란으로 고려와 원활한 통교(通交) 관계를 수립하지 못했기 때문에 필요한 문물의 수입이 단절되었고, 여·원연합군의 일본정벌의 실패로 생긴 서부 일본 지방민의 자만심 탓도 컸다. 특

---

10 이때 오늘날 흥해읍 성내동에 축조된 토성은 1389년(공양왕1) 석성으로 개축되었다.
11 『고려사』「병지」2
12 고려 시대 지방의 수군(水軍)을 지휘·감독하던 관청
13 『고려사』「세가」
14 『동사강목』「부록 하권, 지리고」

히 고려 말엽인 1350년부터 1392년(공양왕 4)까지 40년간 겪게 되는 왜구의 병화는 필설로 다할 수 없을 정도였다. 그 피해는 1381년에 가장 컸다. 고을 전체가 함락되고 불에 탔으며, 백성들은 학살과 약탈을 견디지 못하여 사방으로 달아나거나 흩어졌다. 포항권에서 가장 큰 고을이었던 흥해군은 텅 비어 나무들만 무성하게 되었다. 고을 원님도 먼 마을로 피신해 살면서 흥해로 들어오지 못한 지가 수년씩이나 되었다.[15]

1387년(우왕 13)에는 신라 때부터 설치했던 개포(介浦 : 현 청하면 월포)의 수군진을 통양포(현 포항시 두호동)로 옮겨 수군만호진을 설치하였다. 개포는 해문(海門)이 광활하여 항상 풍환(風患)이 발생하는 약점이 있고, 바닷바람이 너무 심했기 때문이다.[16] 통양포에 수군만호(종4품)를 위시하여 병선 8척과 정규군 218명을 배치하여 방어체계를 새롭게 하자 인근 고을로 뿔뿔이 흩어졌던 백성들이 차츰 돌아오기 시작하였다.

통양포 수군만호진의 설치는 1350년 고려 말부터 시작된 왜구의 약탈이 공민왕 20년(1371년)을 거쳐 우왕 때(1375~1387)에 이르러 그 극에 달하였고[17], 특히 1380~1381년 2년간 이 고장

---

15 권근, 「흥해읍성기문(興海邑城記文)」, 『신증동국여지승람(新增東國輿地勝覽)』 권22
16 『신증동국여지승람』
17 우왕대에는 왜구의 침입으로 약탈행위가 월평균 4~5회 자행되어 곳곳에서 인명과

이 왜구로부터 큰 병화를 입게 됨에 따라, 그들의 침탈을 방지코자 하는 조정과 이 고장 사람들의 노력으로 이루어진 것이다. 이후 민관(民官)이 합심하여 고려 초의 토성인 흥해읍성과 영일읍성을 개축하기 시작하였다. 실로 380년 만에 그 취약점을 보완하여 1389년(공양왕 1)에 흥해읍성이 석성으로 개축되고, 1390년에 영일읍성이 석성으로 개축되었다. 이런 성들은 통양포수군만호진과 밀접한 관련하에 구축된 고려 시대 이 고장의 방어선이자 전초기지였다.

재산피해가 났다.

조선 전기 방어 활동

고려 말 왜구의 침입을 경험한 조선조는 초기부터 왜구의 침략에 대비하는 정책을 펴기 시작했다. 조선 초기 지방군 체계는 고려말부터 이어진 익군체제(翼軍体制)였다. 익군체제는 이원적인 지방 군사 체제[18]로 되어있던 진을 통합한 것이다. 익군체제 하에서 경상도는 6도(道) 5진(鎭)으로 편성되었다. 6도는 경주·상주·성주·진주·안동·대구에 설치하였고, 연해(沿海)의 요해지에 5개의 진(鎭)을 설치하고 진장(鎭將)을 두어 그 방어를 견고히 했다.

포항권은 경주를 통해서 남으로는 울산·부산, 서북으로는 대구·영천·의성·안동으로 이어지는 곳으로 군사적으로 중요한 지역이었기에 조정에서는 태종 17년(1417)에 임곡포(林谷浦) 6리 20보 지점에 영일진(좌익 영일, 중익 장기, 우익 흥해)을 설치하였

---

18 내지의 방어를 위한 도(道)와 연해안에 설치되었던 진(鎭).

다. 영일진은 경상좌도 각 군현의 군관과 수성군(守城軍)으로 조직된 영진군(營鎭軍)과 기선군(騎船軍)이 증강, 정비되면서 군관 301명, 수성군 80명의 군사 규모를 갖추는 동해안의 으뜸 진(鎭)이었다.

세종 때는 장기의 포이포(장기면 모포리)에 포이포수군진을 설치하여 병선 8척 군사 589명을 두고, 가엄포(加嚴浦)에 정박하고 있는 병선과 기선군까지 통솔케 하였다. 세조 5년에는 청하에 독진을 설치하였다. 세종 초기에 통양포수군만호진을 흥해군 칠포로 이관 결정하였으나 병선 8척과 기선군(騎船軍) 218명은 여전히 두모적포(통양포)에 그대로 두었다.[19] 실제 통양포의 수군과 병선이 칠포로 옮겨진 것은 1510년(중종 5)이며 칠포성이 축조된 것은 1515년이다.[20] 통양포가 칠포만호영으로 명칭이 개칭된 것은 1452년(단종 즉위년)이었다. 옮겨진 칠포성에는 병선 4척, 기선군 240명, 무군병선(無軍兵船) 3척을 배치하여 바다에서 침입하는 적의 방어력을 강화했다.[21]

---

19 『경상도지리지』(1425)

20 지금 칠포성은 칠포 1리 동네 가운데를 동서로 길게 가로지르는 흔적으로 남아있다. 더러는 집의 담장으로 쓰이고 있으며, 더러는 길을 내면서 잘려져 있다. 한 민가에 남아있는 성벽 돌에는 '정덕 10년 을해조 축성(正德十年乙亥造築城)'이라는 아홉 자가 새겨져 있다.

21 『경상도속찬지리지』(1469)

通洋浦水軍僉使鎭營基趾史蹟碑

통양포수군첨사 진영기지 사적비(포항시 북구 덕동 55-3). 1350년경 왜적의 침입에 대해 토벌한 것을 기념하여 세운 비다. 이 비는 이 지방 수령과 주민들이 이 지역을 국토방위의 전진기지로 요새화하고자 꾸준히 노력해왔음을 반증하지만, 일제병탄 후 비명에 '왜구, 왜적, 섬오랑캐' 등의 어귀가 거슬린 일본사람들이 파괴하여 없애버렸다. 1970년 12월 포항시사적보존회에서 새롭게 이 자리에 건립했다.

이와 함께 바다를 접하고 있는 각 고을 현청에도 군사들을 배치하였다. 흥해군에 202명(시위군 10, 진군 27, 선군 165), 영일현에 178명(시위군 8, 진군 40, 선군 130), 장기현에 39명(시위군 4, 진군 1, 선군 34), 청하현에 48명(시위군 2, 선군 46)이 배치되어 평상시 군수와 현감의 통솔을 받으며 지역을 방어하였다. 1439년(세종 21)에는 왜구를 방어하기 위하여 장기읍성을 돌로 다시 쌓아 동해안으로부터 들어오는 왜구와 여진족을 방어하였다.

1457년(세조 3) 세조는 익군체제를 진관체제[22]로 개편했다. 지역 단위 방위체제인 진관체제는 고을의 규모에 따라 거진과 주진으로 나누고 지방 수령이 자기 지역의 병사를 이끌고 적을 방어하는 체제였다. 이에 따라 전국 8도에 거진을 설치하고 각각 약간의 주·군을 통솔하였으며, 도절제사가 진장(鎭將)을 통솔토록 했다. 포항권은 거진인 경주진에 속했다. 이때 경주진에 속한 주진은 영해·영덕·청하·흥해·영일·장기·영천·밀양 등 8개 고을이었다.

진관체제는 외적의 소규모 침입에는 효과적이지만 대규모 침략에는 효과가 없었다. 또한, 군사에 대한 의식이 부재한 문관 수령이 군사 지휘권을 겸한 것도 진관체제가 갖는 한계였다. 이

22　종래의 익군체제의 도(道)가 행정구역의 도와 혼동되는 문제가 있어 도를 진으로 변경하였다.

에 따라 16세기 이후 조선의 지방 군사 체제는 진관체제에서 제승방략(制勝方略)으로 변경되었다. 제승방략은 유사시에 각 읍 수령이 휘하의 전 병사를 이끌고 본진을 떠나 지정된 방어지역으로 집결하여 적을 한꺼번에 막는 방어 체제였다. 전쟁이 일어나면 제 진의 수령들은 군사를 인솔하여 신지(信地)[23]로 몰려가서 지휘권을 가진 경장(京將 : 중앙에서 파견된 장수)이 오기를 기다려 그의 지휘를 받아야만 했다. 따라서 제승방략 체제하에서 지방 수령들의 군사 지휘권은 약화 되었고, 제 진의 군사적 독자성은 상실되었다.

---

23 규정(規定)된 위치(位置) 또는 순행(巡行) 구역(區域).

통양포수군 진영기지 흔적 (포항시 북구 여남동)

2

임진왜란과
지역 의병의 활동

임진왜란 개전 초기 지역 상황

1592년(선조 25) 4월 13일 부산진포에 상륙한 고니시 유키나가(小西行長)의 일본군 제1번대는 14일과 15일 부산첨사와 동래부사가 이끄는 우리 쪽 군사들을 차례로 격파했다. 당시 경상도 관찰사는 김수(金睟)였다. 그는 진주 근처에 머무르고 있다가 일본군의 침공 소식을 접하고 곧바로 경상도 지역 군사 동원 명령을 내렸다.[1] 경상좌도 병마절도사(약칭은 경상좌병사) 이각(李珏)은 울산 북쪽 병영에 주둔하다가 출동명령을 받았으나, 부산진전투에는 시간 내에 도착하지 못하였고, 동래성전투에는 군사를 이끌고 왔으나 성 수비를 동래부사 송상현에 맡기고 탈출하였다. 하지만, 밀양 부사 박진과 경주 판관 박의장(朴毅長) 등은 군사들을 인솔하여 동래로 이동하고 있었다. 그리고 울산의 좌병영을 중심으로 13개 읍의 군사들이 집결하는 등 조선군의 초기 대응은 일단 작동되었지만, 전력의 현격한 격차와 좌병사 이각의 도

1 　이탁영, 『정만록(征蠻錄). 乾』, 임진년 4월 15, 16일.

망으로 인해 동래성이 함락되고 말았다.

이후 일본군 1번대는 4월 16일, 박홍(朴泓)[2]이 버린 동래의 좌수영을 접수하고 기장을 함락시켰다. 4월 17일에는 양산을 함락시키고 밀양으로 진격한 후 별다른 저항을 받지 않고 북상을 계속하였다.[3]

일본군 1번대에 이어 가토 기요마사(加藤淸正)가 이끄는 일본군 2번대는 1592년 4월 18일 부산포에 상륙하였다. 가토는 4월 20일에 양산을 거쳐 언양에 진입하였다. 이후 이들은 울산 좌병영을 향해 계속해서 진격하였다. 이곳에는 좌병사 관할지역내 13개 읍 군사들이 모두 도착하여 수성전을 준비하고 있었으나, 동래에서 도망한 이력이 있던 이각은 또다시 본영에서 도망치고 말았다. 결국, 경상좌도를 총지휘하는 이각의 도망으로 혼란에 휩싸인 좌병영은 4월 20일 제대로 싸워보지도 못하고 일본군의 공격에 함락되면서, 경상좌도의 방어체계는 완전히 와해하고 말

2　임란 시 경상좌도수군절도사로서 왜적의 선봉을 맞아 싸웠으나, 중과부적으로 본진을 소각하고 죽령(竹嶺)으로 후퇴, 적을 방어하려 하였다. 그러나 조령(鳥嶺)이 함락되었다는 말을 듣고 서울로 후퇴하였다.

3　일본군은 신속한 북상을 위해 경상도 지역 주요 상경로 중에서 일본 사신들이 경유하던 중로(中路)를 이용하거나, 낙동강 하류를 건너지 않고 북상할 수 있는 경상좌도의 좌로(左路)를 이용하였다. 고니시 휘하의 일본군 제1군은 부산, 동래 함락 후 좌수영-기장-양산-밀양-청도-대구-인동-선산-상주-문경-조령-충주로 이동하여 한양으로 진입하였다.

앉다.[4] 언양에서 합류한 좌수사 박홍은 경주로 퇴각하였다. 이후 일본군 2번대는 경주와 영천 방면으로 이동하였다. 적이 다가온다는 소문만 듣고 인근 관군들은 성을 버리고 먼저 달아났다.

한편, 동래로 이동하고 있었던 경주 판관 박의장은 다시 경주성으로 돌아왔다. 당시 경주에는 이미 백성들은 다 흩어지고, 경주성은 경주부의 군사 외에 장기현감 이수일(李守一)이 이끄는 장기현의 군사와 함께 병영군 500명이 주둔하고 있었다.[5] 경주부윤 윤인함은 일본군이 빠르게 북상하자 성안의 무기를 모두 버렸다. 그리고 판관 박의장에게 경주성의 수비를 맡긴 채 포망장(捕亡將)을 자처하여 성을 버리고 이탈하였다.[6]

여러 기록으로 봤을 때 당시 경주부에 속한 양산(梁山)·울산(蔚

4   조경남,『亂中雜錄』, 임진년 4월 21일.

5   왜적이 부산포를 점령했다는 소식을 듣고 장기현감 이수일이 관군을 이끌고 본진(本鎭)이 있는 경주로 달려간 이유는 제승방략(制勝方略)에 따른 것이다. 제승방략은 유사시에 각 고을의 수령이 그 지방에 소속된 군사를 이끌고 자기가 있던 곳을 떠나 배정된 방어지역으로 가는 분군법(分軍法)이다. 그 이전에는 세조 때 완성된 진관체제가 조선의 방위체계였다. 그러나 진관체제는 전국방위망으로서 그 성립기반이 지나치게 광범위하여 실제 방어에서는 오히려 무력하며 그 기능을 상실해가고, 특히 진관체제에서의 지방군인 정병과 수군의 유지가 어려워지자, 군사가 아닌 충까지 동원하여 전쟁에 임하는 제승방략이 응급으로 시행되었다. 이는 중종 때의 삼포왜란, 명종 때의 을묘왜변을 겪으면서 시도된 전략이었다. 그러나 제승방략은 치명적인 문제점이 있는데 각 고을 수령이 그 지방에 소속된 군사를 이끌고 본진이 있는 신지(信地)로 가버리면 지방 후방지역에는 군사가 없으므로 1차 방어선이 무너지면 그 뒤는 막을 길이 없는 전법이다. 장기현감 이수일이 본 고을의 군사들을 이끌고 본진인 경주성으로 달려갔으나 진작 경주부윤 윤인함은 포항의 기계(杞溪) 방면으로 도망가고 없었고 판관인 박의장(朴毅長)이 외롭게 군사를 추스르고 있었다.

6   조경남, 위의 책

山)·청도(淸道)·흥해(興海)·(東萊)·창녕(昌寧)·언양(彦陽)·기장(機張)·장기(長鬐)·영산(靈山)·현풍(玄風)·영일(迎日)·청하(淸河) 중에서 유일하게 장기현감 이수일만 경주 본진으로 달려갔고 나머지 포항권 지방 수령들이 참여했다는 기록을 찾아볼 수 없다.[7] 이는 당시 상황에서 관리들이 얼마나 무능하고 준비가 없었으며, 자신들이 먼저 살겠다고 앞다투어 도망을 쳤는지를 알 수가 있다.[8]

그러나 경주판관 박의장(朴毅長)과 장기현감 이수일(李守一)은 경주성의 열악한 상황에도 불구하고, 죽음으로 경주성을 지킬 것을 맹세한 후 성문을 굳게 닫고 농성(籠城)에 들어갔다. 1592년 4월 20일에 울산 좌병영을 함락시킨 일본군 제2번대는 4월 22일 경주성으로 진격하였다. 탐정군의 이탈로 인해 박의장 등은 적정을 제대로 파악할 수 없는 상황에서, 가토 기요마사 군(軍)과 맞서 싸웠으나 중과부적이었다. 왜적이 읍성 남문인 징례문(徵礼門)에 도달하였을 때 이수일은 서문인 망미문(望美門)으로,

7   그 후 이수일은 의병을 규합하여 왜군과 싸워 혁혁한 공을 이룬다. 그 공으로 임란 중인 선조 26년 밀양부사로 승진하였고, 이후 경상수사, 공조판서로 승승장구하였다. 1632년 79세의 나이로 운명한 후 좌의정에 증직되고 충무라는 시호를 얻게 되었다. 충북 충주 출신이다.

8   경주의 부사 윤임함(尹仁涵)은 후임자가 오기를 기다리고 있다가 전세가 점점 불리해지자 '도망쳐다니는 수령들을 체포하러 간다'라는 핑계를 대고 성 밖으로 나가 그 소재를 알 수 없었고, 경상감사 김수(金睟)는 지례현에서 거창으로 옮겨 있으면서 영천군수 김윤국(金潤國)에게 경주 집경전(集慶殿)에 있는 수용(睟容 : 임금의 화상)을 산간으로 옮기도록 지시하였다. 따라서 경주성 안에는 실질적인 지휘자가 없는 상태였다.

판관 박의장은 동문인 향일문과 북문인 홍진문을 열고 각각 부의 북쪽에 있는 기계·죽장 방면으로 피신했으나, 추격하는 왜병에 의해 많은 군사와 말이 사살되는 피해를 보았다.[9] 경주성이 그날 함락되자 경주성 안에는 1,000여 명 왜군이 주둔하면서 약탈과 방화가 자행되었다. 그들이 재물을 빼앗아 우마차로 실어 나르는 짐바리가 도로에 끊이지 않았다.

경주성을 점령한 일본군은 1592년 4월 23일 영천성 마저 함락시켰다. 당시 영천군수 김윤국은 새로 축성된 영천 읍성에서 제대로 싸우지도 않고 충청도로 도망치게 되면서[10], 이 지역의 관군과 백성들도 흩어지게 되었다. 이렇게 조선군을 연이어 격파해 나가던 일본군은 한성을 향해 신속히 북상하였다. 그 이전 1592년 4월 18일에는 일본군 3번대와 4번대가 경상남도 김해에 상륙하였고, 5월에 들어서 후속 부대를 상륙시켜 경주·영천·밀양·대구·성주·현풍·선산·개령·금산·상주 등 경상도 주요 지역에 나누어 주둔시키고 점령 지역마다 진영을 설치하였다.[11] 따라서 임진왜란 초기 경상좌도의 군현[12] 중에서 일본군의 직접적

---

9   박의장, 『觀感錄』 권1, 家伝, 임진년 4월 21.

10 신흠, 『역주 난적휘찬』, 여락, 2010, p.55

11 김유성 역, 『도요토미 히데요시의 조선침략』, 경인문화사, 2008, p.47

12 1592년 임진왜란이 발발하기 직전 경상도는 67개 고을로 이루어졌다. 경상좌도가 37곳, 경상우도가 30곳이었다. 전쟁 발발 직전 경상도 관찰사의 본영은 상주이며,

인 피해를 보지 않은 영주·풍기·봉화·진보·청송·영덕 등 안동진과 청하·흥해 등 경주진 일부 지역을 제외하고는 거의 모든 지역이 일본군에게 유린당했다.[13]

한편, 장기현감 이수일은 박의장과 같이 경주성을 고수했으나 중과부적으로 경주성이 함락되었고, 할 수 없이 후퇴하여 본 현으로 되돌아보니 장기현도 이미 왜적에게 점령당하여[14] 백성들은 뿔뿔이 산속으로 몸을 숨기고 없었다.

이렇게 임란 초기 일본군의 신속한 진공과 조선군의 계속되는 패배로 인해 일부 지역의 수령과 장수는 산악지대나 다른 지역 등으로 피신하였으며, 군졸 대부분도 각지로 흩어지는 등 군사력이 제대로 작동되지 않았다.

이에 따라 1592년 5월 이후 경상도의 주요 길목에 소규모의 일본군이 주둔하면서 약탈과 살육을 일삼았으며, 전쟁 속에서 백성들의 일부가 왜적에 투항하여 앞잡이 역할을 하는 자도 있었다. 이들은 자신의 모습이 들킬 것을 염려하면서도 왜적들보

관찰사는 김수(金睟)였다. 임란 직후부터 7월 무렵까지 경상도의 상황을 보면 왜적의 침입을 받지 않은 곳이 22곳 정도였다. 경상좌도는 안동·청송·진보·영주·예안·예천·풍기·봉화·영해·영덕·청하·흥해·하양이 적침을 받지 않았다. 경상우도는 거창·안음·함양·산음·단성·하동·곤양·사천·진주가 적침을 받지 않았다.

13 『宣祖實錄』, 권27, 25년 6월 28일(丙辰)

14 조경남, 『亂中雜錄』, 임진년 4월 23일조에 의하면, 장기현은 1592년 4월 23일 왜적에게 함락되었다.

다 더 악랄한 짓을 해댔다.[15] 그렇지만 조정과 관(官)에서는 이에 대해 어떠한 대응도 하지 못하는 무정부 상태의 상황이 이어졌다.[16]

---

15 조정(趙靖)원저, 신해진 역주, 『검간 임진일기』, 2021, 보고사, 임진년 5월 2일.
16 『宣祖實錄』, 권27, 25년 6월 28일(丙辰)

포항권 의병과 관군의 항전 활동

　전쟁 초기 일본군의 신속한 진공과 현격한 열세로 패배를 거
듭하였던 경주진은 판관 박의장과 장기현감 이수일이 1592년 4
월 22일 패배하여 퇴각함으로써 그 지휘체계와 군사력이 와해
하는 듯했다. 그러나 박의장은 경주성을 탈환하기 위해서 포항
권인 기북면(杞北面 : 현재 포항시 북구 기북면) 오덕리(吾德里)에 임
시로 주둔지를 마련하고,[17] 흩어진 백성과 군사를 불러모아 전열
을 재정비하였다. 그곳 성법(省法) 마을에 대장간을 설치하여 화
살 등의 무기를 만들어 전력을 보강하는 한편, 정예병을 선발하
여 가장 중요한 지점에 복병을 배치해 일본군의 길목을 차단하
거나 배후를 공격하기도 하였다. 또 한밤에는 산 위에서 봉화를
피우고 낮에는 성 밖에서 돌격전을 감행하는 등 주야로 유격전
을 전개하였다.[18]

17　영일군사편찬위원회, 『영일군사』, 1990, pp.262~263
18　박의장, 『觀感錄』 권1, 家伝, 임진년 4월.

그 무렵 경주성에서 이탈하였던 부윤 윤인함은 포항 기계현[19]에 주둔하면서 의병장 박인국 등을 영장(領將)에 임명하여 군사들을 모았고, 4월 24일에는 선도산에 모인 권사악, 김만령, 이눌 등을 의병장으로 차출하여 의병들을 남천(南川), 계림(鷄林) 등 요지에 우선으로 배치하였다. 그리고 피난민 중에서 1,000여 명의 군병을 모으는 등 적극성을 보였다.[20]

박의장과 윤인함이 현재의 포항권인 기계현(당시는 현재의 기북면도 기계현에 속함)에 각각 주둔한 이유는 두 가지로 파악할 수 있다. 하나는 경주성을 수복하기 위한 군량미와 병장기를 확보할 수 있는 창(倉)[21]과 철을 다룰 수 있는 성법부곡[22]이 있다는 것이고, 다른 하나는 지리적으로 오지인 그곳에 경상좌도 각지에서 피난을 온 군사와 백성들이 은둔하고 있었기에 군사 징발이 쉬웠다는 점이다.[23]

한편, 왜군의 분탕과 살육, 백성들의 토적(土賊) 활동에 직면한 지방의 유생과 양반들은 이제 그들의 생존을 위해서 그들 스스

---

19 포항시 북구 기계면

20 최효식, 『경주부의 임란항쟁사』, 경주문화원, 1993, p.51

21 『신증동국여지승람』에 의하면, 당시 경주부에는 4倉이 있었는데, 신광창·기계창·죽장창·안강창 등이 있었다.

22 포항시 북구 기북면 성법리

23 장준호, 「임진왜란 시 朴毅長의 경상좌도 방위 활동」, 한국학중앙연구원 석사학위논문, 2008, pp.62~63

로가 적극적인 방법을 모색하지 않을 수 없었다. 그것은 의병을 조직하여 싸우는 것이었다. 이들은 일찍부터 자치적 조직체인 유향소를 중심으로 지역 사회를 지배하고 있었다. 양반의 지역 지배가 전쟁을 통하여 그대로 존속되었던 것은 아니지만, 적어도 양반 상호 간에는 종래 향촌 지배의 조직이 강한 결속력을 제공해 주었다. 따라서 지방의 명망 높은 양반과 유생의 창도에 따라 주위의 많은 양반과 유생들이 호응하였다.

흥해·영일·장기·청하·기계 등의 대표적인 양반과 유생들도 예외는 아니었다. 이들이 의병 대장으로 나섰을 때는 수많은 노비와 평민, 그리고 막대한 곡물이 의병의 인적·물적 바탕이 되었다.

창의장군(倡義將軍)으로 불린 수월재(水月齋) 김현룡은 수원김씨로 포항 대송면 월동에서 태어났다. 1592년 왜병이 침입하자 처자를 거느리고 대왕산(운제산)으로 피난하였다가 임금이 몽진에 올랐다는 소식을 듣고 분을 참지 못했다. 이에 아우 김원룡(金元龍)과 종제(사촌 동생) 김우호(金宇灝)·김우정(金宇淨)·김우결(金宇潔)을 불러서 "우리가 비록 해변에 살고 있지만, 원래는 훈구(勳舊)의 후예이며 포은 선생의 마을에서 생장하여 충·효 두 글자는 조금 알고 있는지라. 이 난리를 당하여 어찌 몸을 던져 위급을 구하겠다는 의리가 없겠는가?"라고 하니 아우들이 모두

이 말에 따라 같이 창의하였다.

연일현 저동(현, 송동)에서 출생한 권여정은 1592년 4월에 임진왜란이 일어나자 서재에서 경사를 섭렵하다가 집안사람들에게 '사람이 사람다운 것은 인륜이 있기 때문이니 어버이께 효도하고 나라에 충성하는 것은 인륜이 갖추어져 있기 때문이다. 우리 집안은 대대로 충과 의를 지켜온 집안이다. 불행하게도 왜구들이 창궐하여 민생은 도탄에 빠지고 나라는 위태한 지경에 이르렀는데 어찌 내 몸만 온전히 하고 처자들을 보호하여 거친 골짜기에서 몸을 숨겨 구차하게 삶을 구할 수 있겠는가! 내 장차힘을 다해 죽음에 이를지라도 저 짐승들과 같은 도적들을 토벌하겠다'라는 표를 쓰고 외삼촌 자녀들인 김현룡 형제들과 함께집안의 재산을 털어 병기를 만들고 의병들을 모았다.

포항 신광면 우각리에서 출생한 이의온(李宜溫)[24]은 임진왜란이 일어났을 때 그는 나이 16세에 지나지 않았다. 그는 1592년 6월 넷째 형 이의잠과 함께 선도산전투에 참여한 것을 시작으로, 1593년 부친상을 당하여 시묘살이한 기간을 제외하고 전란기간을 줄곧 전투에 참여했다.

포항 장기에서 거의한 서방경(徐方慶)은 임란이 발생하자 종질

---

24 호는 오의정(五宜亭), 회재(晦齋) 이언적(李彦迪)의 다섯째 손자이다.

서극인(徐克仁), 그리고 같은 고을 출신인 죽계(竹溪) 이대임(李大任, 1574~1635) 등과 함께 의병을 결성하였다.

역시 장기에서 거의한 죽계 이대임은 오래전부터 장기지역에 터를 잡은 창녕이씨 가문이다. 임란이 일어나 왜적이 동래와 기장을 함락시켰다는 말을 듣고, 서방경·서극인 등 지방 유림과 같이 장기향교로 달려가 문묘(文廟)에 모셔진 5성 8현의 위판을 신창리 용암(龍巖) 석굴 속에 권봉하였다. 곧바로 집에서 부리던 하인 정옥(正玉) 등 죽어도 좋다고 모여든 군사 100여 명을 거느리고 장기성을 지키다가 장기현감 이수일과 같이 경주성으로 달려가 합세했다. 장기 출신 정유록(鄭維錄)은 영일 정씨로 친형인 정유서(鄭維瑞)와 함께 임진왜란 때 의병을 모집하여 장기성을 지켰다.

흥해 동부동에서 출생한 정삼외(鄭三畏)는 영일정씨로 동생 정삼계 종형제인 정삼빙·정삼고와 같이 집안의 장정들을 모아 의병을 일으켰다. 1553년 흥해 덕성리에서 태어난 이열(이명 : 李贊緖)은 임란으로 여러 고을이 와해하자 분개하여 순국의 의지로 창의하여 형산강에서 마주친 적들을 참수하였다. 백운 권응수와 함께 영천성을 수복하고 경주 서천전투에 참가하였다. 서천전투에서 당숙 이봉수가 왜적에게 사살되자 분개하여 1594년 망우당 곽재우 휘하에서 싸웠고, 1596년에는 13개 읍의 의사와 함

께 팔공산 회맹에 참여하고 정유재란에는 곽재우의 화왕산 진영
에 다시 뛰어가 싸웠다. 흥해에서 출생한 이대인(李大仁)은 일찍
이 무과에 급제하였다. 임진왜란이 일어나자 형 대립(大立)과 향
중의 최준민(崔浚民)·진봉호(陳奉扈)·정삼계(鄭三戒)와 더불어 의병
을 일으켜 향리에 침공하는 왜적을 물리쳤다.

청하 출신 김문룡은 선조 23년(1590) 경인년에 성균진사를 제
수하고 임진왜란이 일어나자 부친이 순국했다는 소식을 듣고 곧
바로 원수를 갚기 위해 의병진에 뛰어들어 종군하였다. 청하면
금정리에서 출생한 윤락(尹洛)은 연산군 때 관찰사를 지내다가
충간(忠諫)을 이유로 송라로 유배된 윤상원의 증손이다. 임진왜
란을 당하여 왜병이 삼남지방을 침공할 때 관찰사 이원익의 휘
하에 들어가 죽음을 무릅쓰고 여러 번 적의 정세를 탐지하여 동
정을 조정에 보고하였다. 영일 출신 이몽태(일명 : 이추)는 안성군
수로 재직하다가 임진왜란이 일어나자 감사 심대(沈岱)와 함께
삭녕(朔寧)전투에서 장렬하게 전사하였다.

이처럼 포항권 일대에서 일어났던 의병대장들을 권역별로 정
리해보면, 흥해에 정삼외(鄭三畏)·정삼계(鄭三戒)·정삼고(鄭三顧)·
정삼빙(鄭三聘)·정인헌(鄭仁獻)·이돈(李暾)·이질(李晊)·이열(李說)·
이봉수(李鳳壽)·이대립(李大立)·이대인(李大仁)·안성절(安成節)·최준
민(崔俊民)·이화(李華)·호민수(扈民秀)·최흥국(崔興國)·박몽서(朴夢

월동재. 임진왜란 때 창의장군으로 크게 활약한 김현룡(金見龍)을 추모하여 수원김씨가 처음 마을을 이룬 장동리에 세운 재실이다. (포항시 남구 대송면 장동리 212)

학삼서원과 이대임 신도비. 포항시 남구 장기면 학곡리에 있는 이 서원과 신도비는 임진왜란 당시 공을 세운 이대임(李大任)의 업적을 기리는 유적이다. 창녕 이씨(昌寧李氏) 문중에서 관리를 맡고 있다.

瑞)·안섭(安燮)·진봉호(陳奉扈)·이영춘(李榮春)·권응복(權応福), 영일
에 김현룡(金見龍)·김원룡(金元龍)·권여정(權汝精)·김우호(金宇灝)·
김우정(金宇淨)·김우결(金宇潔)·이몽태(李夢台 : 이명 李迨)·이구(李
述)·김천목(金天穆)·안신명(安信命)·심희청(沈希淸)·정대영(鄭大榮)·
정대용(鄭大龍)·정대유(鄭大有)·김진성(金盡誠), 장기에 서방경(徐方
慶)·서극인(徐克仁)·이대임(李大任)·박문우(朴文虞)·이눌(李訥)[25]·김
경록(金景祿)·황세헌(黃世獻)·황보억(皇甫億)·황보순(皇甫淳)·정유서
(鄭維瑞)·정유록(鄭維錄)·안희성(安希聖), 청하에 윤락(尹洛)·김문룡
(金文龍)·김득경(金得鏡)·이인박(李仁博)·김성운(金聖運)·이재화(李
在華)·정의국(鄭義國)·이렴(李謙), 기계에 김광복(金光福)·이순성(李
循性)·이복성(李復性)·이안성(李安性)·이선조(李善祚)·이광진(李光震,
이명 : 李応男)·서첨민(徐添民), 신광의 이의온(李宜溫)·이선중(李善
中), 출신지 불명 이응수(李応壽)·최신린(崔臣隣)·최극기(崔克淇)·전
유추(田有秋)·김덕주(金德珠)·류복례(柳復礼)·김덕장(金德璋)·김덕
황(金德璜) 등이다.[26]

　위에 열거한 지방의 유력 사족들은 전쟁 초기 관군 지휘부가

25　문옹(汶翁) 김석견 선생실기에 '이눌도 참여했는데 이눌은 선생의 사위다'라고 되어
　　있다.
26　영일군사편찬위원회, 『영일군사』, 1990, p.182 / 권오근 역, 『국역 수월재선생유
　　고』, 1989, pp.302~506 / 최효식, 『경주부의 임란항쟁사』, 경주문화원, 1993,
　　p.169, pp.170~173

와해하면서 일부 지방관이나 장수들이 도망쳤을 때 서로 혈연[27]과 지연으로 뭉쳐서 의병군을 조직하였다. 이들이 이끄는 의병들은 군사 지휘경험을 가진 경주판관 박의장, 장기현감 이수일, 군관 권응수 등의 지휘하에 연합하여 영천성 탈환과 경주성 탈환 전투를 수행하면서 변형된 형태의 준관군적(準官軍的)인 부대로 변해갔다.

---

27 정삼외는 영일의 수원김씨 김현룡의 집안과 혼맥으로 연결되어 있었다. 즉 오천정씨로 흥해에 세거하고 있던 정삼외의 처는 수원김씨이다. 김현룡의 집안과 혼인을 통한 네트워크는 영일의 오천정씨가 의병 활동을 적극적으로 참여할 수 있는 계기가되었다. 또 권여정은 김현룡 종고모의 맏아들로 침회(沈晦) 김언신(金言愼)의 외손자이다. 집안끼리 혼맥으로 연결된 고리는 같이 의병 활동을 전개하였던 중요한 요인이 되었다. 영일에서 거의한 정대영은 정대용 등 3형제가 김현룡과 합세했다. 흥해에서 거의한 이열(이명 : 李贊緒)과 이봉수(李鳳壽)는 조카와 아재비 간이다. 경주 의병장 이눌(낙의재)은 고모부인 김응하와 같이 출전하였고, 장기 이눌(약우)은 경주부에서 의병을 일으킨 문옹(汶翁) 김석견의 사위였다.

포항권 의병들이 참여한 주요 전투

지역의 향토 방어 활동

임란 초기 경상좌도의 많은 지역이 일본군에게 점령당했고, 관리와 장수들의 이탈로 행정과 치안에 공백이 발생했다. 왜적들은 궁궐과 양반집을 마음대로 노략질하여 돈 되는 것은 약탈해 갔고, 여자들은 닥치는 대로 끌고가 능욕(凌辱)하였다. 백성 중에는 연명을 위해 일본군에 부역하는 이들도 있었다. 이후 경상우도 초유사 김성일의 초유 활동으로 경상우도와 경상좌도에서 사족이 중심이 되어 의병을 일으키면서 왜적에게 점령되었던 지역이 수복되기도 했다. 하지만 수복되지 않은 대부분 지역의 백성들은 스스로 안위를 지켜야 했다. 특히 최전방에 놓여있던 포항권은 군사상 요충지로 전란에 대한 피해가 더 클 수밖에 없었다. 그것은 임진 4월 왜군이 처음 침입했을 때도 그랬지만 정유재란의 병화는 더 컸다. 더구나 소위 평화교섭이 진행되던 3년 동안에도 다른 지역과는 달리 이곳에서는 전투가 끊임없이 계속되었다. 관군이 와해한 상태에서 최전선에서 왜적을 격퇴해야 하는 일차적 소임을 영일 포항권의 의병들이 지지 않으면 안 되었기 때문이다.

1592년 4월 23일. 좌도 왜적의 한 떼는 장기(長鬐)로 향해 진격해 왔다. 현감 이수일(李守一)이 경주로부터 후퇴하여 돌아와서 장기성 밖에 진을 쳤으나, 적병이 사방에서 진격해 와서 이수일은 곧 후퇴하고 말았다. 이날 적병이 영천을 함락하였다. 이에 장기의 서극인, 이대임, 서방경 등의 의사는 장기향교 문묘에 들어가 5성과 8편의 위판을 용암의 석굴에 모시고, 의병 수백 명을 모집하고 관군과 합세하여 장기성을 방어하였다. 4월 25일 장기의 이대임, 서방경과 영일 의사 심희청은 의병을 거느리고 알천(閼川)을 건너 경주로 들어가고, 기계 의병장 김광복은 송화곡(松花谷)에서 경주로 들어가서 여러 읍 의병장 및 경주부의 관군과 합세하니 병력이 3천여 명에 이르렀다. 이때 마침 울산으로부터 들어오는 왜군 2진 10여만 명과 일대 격전이 벌어져 5~6차 교전 끝에 적은 곤제봉(昆弟峰) 아래로 물러갔다. 의병은 이 전투에서 적 100여 명을 사살하는 전과를 거두었다.[28] 4월

28　남강(南岡) 이여량(李汝良, 1558~1605)의 실기에, "적이 임진 4월 24일에 울산에서 와서 군사 수십만을 거느리고 달려와 경주성 아래 둔취하니, 이에 부윤 윤인함, 판관

26일 좌도 왜적의 한 떼가 군위(軍威)를 불태워버리고 연달아 비안(庇安)을 함락시키니 현감 김인갑(金仁甲)이 도망쳐 달아났고, 한 떼는 장기(長鬐)로부터 영일(迎日)과 감포(甘浦)를 불태우고 약탈하였다.

이런 와중에 장기면 수성리에 살고 있던 선비 정유록은 노약자는 농사에 힘쓰게 하고, 건장한 남자들을 뽑아 연습시켜 후방 부대를 방비케 하였다. 바다 근처 백성들에게는 패를 나누어 어떨 때는 배로 싸우게 하고 때에 따라서는 군사를 매복시키기도 했다. 어느 날 적선 15척이 창바위(倉岩 : 장기면 신창2리) 나루로 와서 장기읍성 남쪽에 있는 잣산(장기 구읍성)에 진을 치는 것을 발견했다. 정유서는 즉시 동생인 정유록(鄭維祿)을 시켜 보병 300명에게 각기 마른 소나무 한 묶음씩을 갖고 감재(柿嶺)에 가서 잠복하라고 했다. 자신은 가벼운 기병을 거느리고 적을 맞이

박의장은 도원동(桃源洞)에서 일어나고 류정(柳汀) 윤홍명(尹弘鳴)은 금오산에서 오고, 김응하(金応河), 이태립(李台立), 이시립(李時立)은 명활산에서 나오고, 남의록(南義祿), 최봉천(崔奉天), 김난서(金鸞瑞), 김광복(金光福)은 송화곡(宋花谷)에서 왔으며, 이대임(李大任), 박인국(朴仁國), 심희청(審希淸), 서방경(徐方慶), 이응춘(李応春)은 알천에서 모이니 합병이 3000이라. 일시에 북을 치며 들어가자 함성이 천지를 진동하고 화살이 비 오듯 하는지라, 적진에 5~6차 역전하니 적이 곤제봉 아래로 퇴진하였다. 여러 의병장이 북을 치고 입성(入城)하니 노획품이 군기는 그 수도 다 헤아릴 수 없다. 모두 각 진에 나누어 줬고, 왜적도 100여 급을 잡았다. 윤공이 상영(上營)에 첩보하고 객사 동헌에서 소와 술로 여러 장수를 위로하며 하는 말이 '여러분의 충의는 저 산과 같이 높으므로 이 연회를 베푸니 힘쓸지어다. 여러분은 더욱 충분으로 임금님의 원수를 갚을 것이다'하였다."

장기 수성리에 있는 정유서의 유허비. 임진왜란 때 장기지역 전투 상황이 나와 있다.

하여 싸우다가 거짓으로 패하여 달아나는 척했다. 적이 승세를 타고 계속 추격하는 틈을 타서 숨어 있던 정유록의 복병이 잣산으로 돌진하여 적이 있던 성을 불태웠다. 이에 적이 매우 놀라서 그날 밤에 도망하였다.[29]

1592년 5월 23일[30] 영일의 김현룡은 인척 동생인 권여정(權汝精)[31]과 고을 사람인 심희청(沈希淸)·정대용(鄭大容)·김천목(金天穆)·안천명(安千命) 등 10여 명과 같이 의병을 조직하여 적을 토벌하기로 했다. 24일부터는 동점(東店)에서 병기를 부어 만들고 남정(南亭)에서 활쏘기를 익혔다.[32] 5월 30일에는 잘 훈련된 군사 500명을 거느리고 안강에서 적 수백 명의 머리를 베었다. 군사를 몰아 삼거리에 나아가니 왜놈 장수 수십 명이 두곡(豆谷)에서 나왔다. 그 모습에서 살기가 등등한지라 골짜기에서 물러나 숨어 있던 의병들이 사방에서 에워싸서 격파해 버렸다.[33]

---

29 가선대부행동지중추부사학포영일정공유허비(嘉善大夫行同知中樞府事學圃迎日鄭公遺墟碑)

30 『수월재유집』

31 권여정은 수월재 김현룡 종고모의 맏아들로 침회(沈晦) 김언신(金言愼)의 외손자 임.

32 병기를 만들었던 곳의 지금 지명은 화점골(火店谷)이 되었고, 활 쏘던 곳의 지금 마을 이름은 사정리(射亭里)가 되었다.

33 삼거리와 두곡(豆谷 : 팥골)은 현재로서는 그 위치가 불명하나 안강에서 영천으로 가는 중간에 있는 지명으로 추정된다.(수월재 유고)

창암(蒼岩) 전투

창암(蒼岩)은 영천에서 경주와 포항으로 오는 교통의 요지이다. 바로 영천 금강산 앞에 자리 잡은 평야이다. 예로부터 이곳에 군량미 보관창고가 있었기에 동네 이름을 '창암'이라 했다고 한다. 오늘날도 그렇지만 임진왜란 당시에도 영천에서 경주로 가는 길은 크게 두 갈래가 있었다. 그중 한 갈래 길은 임천-창암-고촌 시티재-홍천-안강-갑산사방-경주로 가는 길이고, 또 다른 길은 임천-범어천-원당-저현(돼지고개)-아화-건천 작산-소태재-서천-경주로 가는 길이었다. 안강에서 갑산과 사방으로 빠지지 않고 강동을 거치면 바로 포항으로도 연결된다.

그런데 왜군이 주로 이용했던 교통로는 안강을 경유하는 첫 번째 길이었다. 그 까닭은 왜군들이 형산강을 거쳐 영일만으로 빠져 그들의 소굴인 서생포로 가기 쉬웠을 뿐 아니라 안강에서 경주로도 갈 수 있었기에 임진왜란 중 크고 작은 전투가 창암에서 빈번하게 일어났다.

그중에서 영일지역 의병들이 출전한 전투는 첫 전투인 1592년(선조 25) 5월 14일에 있었던 전투이다. 경주부 의병군은 왜적이 창암에 진을 치고 있다는 정보에 따라 대거 출전하였다. 최계종(崔継宗)·이응춘(李応春) 등은 정예병을 이끌고 경주 서편에 있는 현곡을 거쳐 구미산을 넘어 창암 남쪽으로 갔고, 장기의병장 이대임(李大任)을 비롯한 영일의 심희청(沈希淸)·이시립(李時立)·정희소(鄭希昭)·장희춘(蔣希春) 등은 의병들을 끌고 창암의 동북쪽의 요지인 수성에 매복하였고, 박인국(朴仁國)·심희대(沈希大)·김언복(金彦福)·황희안(黃希安)·이대립(李大立)·류백춘(柳伯春) 등은 진중에서 용감한 사람을 뽑아 안강쪽에서 시현(柴峴)을 넘어 나무와 바위 사이에 매복하고 적정을 살폈다. 이날 영일권 의병들은 이미 앞서 파견된 의병장들과 협력하여 왜군을 급습했다. 이날 의병들은 수많은 적을 사살하고 마침내 적들을 영천성 쪽으로 몰아내는 데 성공했다.[34]

문천회맹(蚊川會盟)과 포항인

문천회맹은 임진왜란 발발로 영남의 요처들이 왜군에게 침탈되자, 경주부윤 윤인함과 판관 박의장을 필두로 영남 각지에서 거병한 유현(儒賢) 등 의병장들이 1592년 6월 9일 경주 문천(蚊川)에 모여 마혈(馬血)을 나누어 마시고 민군이 합세하여 결사 항

---

34 최효식, 『경주부의 임란항쟁사』, 경주문화원, p.148 / 이대임, 『죽계실기』 권1, 임진 5월 14일조.

경주 문천회맹 기념비. 포항 영일권 사람들의 의병 참여 사실이 기록되어 있다. (황성공원)

전을 다짐했던 회합이다.

이 회맹은 1593년 2월 문경의 당교회맹(唐橋會盟), 1593년 10월 언양의 구강회맹(鷗江會盟), 1596년 3월 대구의 팔공산회맹(八公山會盟), 1597년 7월 창녕의 화왕산회맹(火旺山會盟)에도 큰 영향을 미친 것으로 평가된다. 실제로 문천회맹에 참여했던 의병장 중 살아남은 다수가 구강회맹, 팔공산회맹과 화왕산회맹에 참여하였다.

이에 대한 관계기록이 대동소이하나 이언춘의 실기인 『동계실기(東溪實記)』에 따르면, 포항권 의병장은 6월 7일에 참여하였다. 참여자는 장기의병장 이대임(李大任)·서방경(徐方慶)·서극인(徐克仁), 영일의 김천목(金天穆)·정대용(鄭大容)·안신명(安信命)·심희청(沈希淸)·김현룡(金見龍)·권여정(權汝精)·김원룡(金元龍)·김우결(金宇潔)·김우정(金宇淨), 흥해(興海)의 박몽서(朴夢瑞)·정인헌(鄭仁獻)·최흥국(崔興國)·이대립(李大立)·정삼외(鄭三畏)·정삼계(鄭三戒)·이화(李華)·이대인(李大仁)·진봉호(陳奉扈)·정삼고(鄭三顧)·호민수(扈民秀) 등이다. 이때 여러 읍에서 온 의병장이 경주판관 박의장(朴毅長)의 관군과 합세하니 병력이 4,200여 명에 이르렀다.

이때 왜적 수천 명이 언양 쪽에서 남쪽 길을 통해서 경주로 들어오게 되자 경주의병과 관군은 남천에 매복하고 장기·영일 등 여러 읍의 의병은 금오산(경주 남산)을 동서로 나누어 올라 일시

에 공격하여 적 400여 명을 사살하고, 칼과 창, 조총 등 무기 27
점을 노획하였다.[35]

영천성 탈환 전투

1592년 4월 23일 왜장 가등청정은 2만 군사를 이끌고 영천
에 도착했다. 당시 영천 군수 김윤국은 겁을 먹고 달아났고 백성
들도 뿔뿔이 흩어졌다. 왜병들은 마을마다 불을 놓고 약탈과 노
략질을 일삼았다. 그날로 영천성은 왜적의 소굴로 변했다.

1592년 5월 이각[36]을 대신해 경상좌병사로 임명된 박진은 두
달 만에 안동과 신녕 일대를 장악하면서 주요 읍성을 수복하기
위한 기회를 엿보고 있었다. 더불어 권응수를 비롯한 대구진과
경주진 지역 의병장들도 이를 위한 자체적인 계획을 마련하고
있었다.[37]

1592년 5월 25일에 의병장 조이함(曺以咸), 조이절(曺以節), 노

---

35 영일군사편찬위원회, 『영일군사』, 1990, p.180

36 1592년 5월 14일, 전 경상좌병사 이각(李珏)은 병영을 이탈하고 도망친 죄로 도원수
김명원에게 참수를 당했다.

37 조경남, 『난중잡록(亂中雜錄)』, 임진년 8월 1일.

준(盧遵), 장희춘(蔣希春), 이승급(李承級), 노기종(盧起宗), 정삼고(鄭三顧), 김흡(金洽), 정세아(鄭世雅), 정안번(定安藩), 김삼달(金三達), 김삼익(金三益), 조이정(曺以鼎), 이대임(李大任), 서극인(徐克仁), 이경원(李景源), 서도립(徐道立), 성립(成立), 김현룡(金見龍), 김우결(金宇潔), 심희청(沈希淸), 권응심(權応心), 김응택(金応澤), 이승금(李承金), 이경연(李景淵), 이여해(李汝諧), 이여련(李汝璉), 박경전(朴慶伝), 안천민(安天民), 김우용(金遇鎔), 박몽양(朴夢亮), 김명원(金鳴遠), 박형(朴炯), 이철(李澈), 이렴(李濂), 서인충(徐仁忠)[38], 최준민(崔俊民), 정삼계(鄭三戒), 정삼외(鄭三畏), 정인수(鄭仁秀), 박몽서(朴夢瑞), 이열(李說), 이대립(李大立), 진봉호(陳奉扈), 이대인(李大仁)이 각각 정병 수백 명씩을 거느리고 영천군에 모였다.[39]

이 무렵, 전쟁의 상황에 변화가 있었다. 1592년 6월 15일부

---

38 서인충의 본관은 달성(達城)이며, 자는 방보(邦輔)이고 호는 망조당(望潮堂)이다. 병
    서를 좋아하고 활쏘기와 말달리기를 즐겼다. 1591년(선조 24) 무과에 급제하였다.
    이듬해 임진왜란이 일어나 경상도 지방이 유린당하자, 울산에서 삼종제(三從弟) 서
    몽호(徐夢虎)와 더불어 의병을 일으켰다. 이후 주사장(舟師將)이 되어 배를 모아 수
    리하고 수로에서 오는 적에 대비토록 전열을 갖추어 적과 싸웠다. 이어 울산의 신야,
    전탄, 기장, 아리포(양산 장안면), 경주의 이견대, 봉길리 동해변, 장기 소봉대 등 일
    곱 군데에서 전투를 벌여 큰 성과를 올렸다. 또한 창녕의 화왕산성(火旺山城)에서 분
    전하는 곽재우(郭再祐)를 도와 적을 물리치기도 하였다. 이러한 공으로 1592년 훈련
    원 봉사(訓練院奉事)에 오르고 이듬해 다대포수군첨절제사(多大浦水軍僉節制使)를
    거쳐 1594년(선조 27) 부산수군첨절제사에 임명되고 1596년 부산첨사(釜山僉使)에
    올랐다. 1784년(정조 8) 병조참판에 추증되었다.[네이버 지식백과] 서인충 [徐仁忠]
    (두산백과)
39 김 충의공 치원(致遠) 일록

터 19일 사이에 부총병(副總兵) 조승훈(祖承訓) 등이 이끄는 명나라 군사들이 조선을 구원하기 위해 압록강을 넘어 남진하면서, 전쟁은 이전과는 다른 양상으로 바뀌게 되었다. 이를 호기로 삼은 조정에서는 7월 중에 하삼도의 조선군 부대에 명군의 출전을 알리고 각지의 일본군을 요격하라는 명령을 내렸다.[40] 이에 경상좌병사 박진은 의병대장으로 임명된 권응수[41]에게 우선하여 영천성을 수복하라는 명령을 내렸다. 이들이 영천성을 주요 읍성 수복의 우선순위로 삼은 이유는, 영천성의 지형적 특성에 따른 전략적 중요성을 고려했기 때문이다. 영천성을 확보한다면 차후 경상좌도의 거진 중 하나인 경주부를 탈환하기 위한 교두보로 활용할 수 있으며, 한편으로 분단되었던 안동·대구진과 경주진

---

40 『선조실록』 권 28, 25년 7월 19일 丙子

41 권응수는 임란 때 아우와 함께 의병을 모집하여 궐기했다. 1592년 5월부터 활동을 전개해 여러 곳에서 전과를 올리고, 6월에 경상좌도 병마절도사 박진(朴晉)의 휘하에 들어갔다가 7월에 각 고을의 의병장을 규합해 의병대장이 되었다. 이 무렵 영천에 있던 적군은 신령·안동에 있던 적군과 연락하면서 약탈을 일삼고 있었기 때문에, 이를 공격할 계획을 세우고 7월 14일 적을 박연(朴淵)에서 치고, 22일에는 소계(召溪)·사천(沙川)까지 추격해 격파했다. 한편 이날 군세를 정비하고 영천성 공격을 위해 선봉장에 홍천뢰(洪天賚), 좌총(左摠)을 신해(申海), 우총(右摠)을 최문병(崔文柄), 중총(中摠)을 정대임(鄭大任), 별장(別將)을 김윤국(金潤國)으로 삼았다. 25일 군사를 동원해 공격을 시작하고 26일에는 결사대원 500명을 뽑아 적진으로 돌격해 크게 격파했다. 다음 날에는 화공(火攻)으로 대승, 영천성을 수복했다. 그 뒤 신령·의흥·의성·안동의 적은 모두 한곳에 모였고, 영천의 적은 경주로 후퇴하였다. 그 공으로 경상좌도병마절도사우후가 되었다. 그 뒤 좌병사 박진의 휘하에 들어가 8월 20일 제2차 경주탈환전의 선봉으로 참가했으나 패전했다. 12월에는 좌도조방장으로 승진했다.(한국민족문화대백과, 한국학중앙연구원)

의 관군과 의병들을 연결할 수 있었다. 또한, 영천성은 전쟁 초기 일본군의 후방 보급로 역할을 하였기 때문에 만약 조선군이 이 지역을 수복한다면 경상좌도를 통한 일본군의 보급로에 상당한 타격을 입힐 수 있었다.

1592년 7월 23일, 영일 의사 김현룡과 장기 의사 이대임 등은 여러 의사와 함께 영천성에 이르렀다. 권응수는 와촌(瓦村)에서 신녕과 영천·하양·자인·의흥 등의 의병부대를 창의정용군(倡義精勇軍)으로 통합하여 편성하였다. 여기에는 울산·영일·장기·흥해·양산·언양·자인 등의 지역 의병부대와 관군도 다수 포함되었다. 이 무렵 영일 기북면에서 전열을 가다듬고 있었던 경주 판관 박 의장의 관군 부대가 권응수 부대와 합류하였다. 이래서 조선군의 총 규모는 3,560~3,970명[42]이나 되었다. 경상좌병사 박진은 안강에 주둔하면서 군관 변응규로 하여금 화약과 군기(병장기) 등을 지급하여,[43] 권응수 등의 조선군이 화공전을 감행할 수 있도록 조치하였다.

영천 의병장 정세아·정대임이 영천에 흐르는 두 내(二水) 서쪽

---

42 최효식, 『경주부의 임란항쟁사』, 경주문화원, 1994, p.76

43 홍운, 『白雲齋實紀』권2, 永川復城記

에서 진을 치고 성을 회복할 계책을 세우다가 여러 의사가 불을 놓아 공격할 것을 제의하였다. 권응수도 이에 동의하여 성 주위에 섶을 겹겹이 쌓았다. 조선군들은 7월 26일 한밤중에 일시에 불을 질렀다. 바람은 세차고 불꽃은 맹렬했다. 타는 연기가 성에 가득하고 재가 날려 왜군들의 시야를 가렸다. 앞을 분간하지 못한 적병들은 달아날 방향을 찾지 못했다. 불에 떨어져 죽은 자가 부지기수고 혹 문밖으로 달아난 자는 좌우에서 기다리던 의병들이 창과 큰 칼로 격멸하였다. 7월 27일에는 신령현감 한척(韓倜)과 하양현감 조윤신과 경주판관 박의장이 진중에 와서 사졸들에게 크게 배불리 먹이고 의사들을 위로하였다. 드디어 1592년 7월 28일 영천성을 완전히 수복하였다. 이날 조선군은 왜적 500명의 수급을 베는 전과를 올렸다.[44]

이 전투에서 조선군의 승리로 왜적은 경주-영천-안동을 잇는 보급로가 차단되었다. 한편으로 낙동강 전선을 사수하고 곡창 전라도를 지킬 수 있었다. 이제 왜적들은 상주로 철수하면서 그 세력이 급속도로 약화하였다. 류성룡·이항복·최 현 등은 영천성 탈환은 명량해전과 함께 임란 중 가장 통쾌한 승리였으며 이순신이 세운 전공과 같은 가치를 두고 있다고 평가했다. 한편 경상

---

44   이형석, 『임진전란사』, 1977, pp.423~426

우도 내 의령·삼가 지역을 중심으로 활동하였던 곽재우 부대도 8월 초 현풍·창녕·영산 등 경상좌도의 일부 지역을 수복하면서 전황은 조선군에게 유리하게 돌아가고 있었다.

경주성 탈환 전투

[1차 경주성 탈환 전투(서천 전투)]

영천성을 수복하였던 조선군은 자인현에 주둔하고 있었던 왜적도 연이어 격파했다. 경상좌병사 박진은 관군과 의병군이 영천을 수복하고 자인현의 왜군도 몰아내자 그 여세를 몰아 경주성을 탈환하기로 했다. 당시 경주읍성 안에는 영천성을 빼앗긴 왜군과 자인 등에서 낙오된 왜군패잔병들이 몰려들어 10,000여 명이 웅거하고 있었다.

1592년 8월 20일, 관군과 의병으로 조직된 조선군은 본부를 금장대에 설치하고 적세를 살폈다. 순식간에 적병이 경주성 안으로 몰려들고 있었다. 이 소식을 들은 의병장 권응수가 선봉이 되어 16개 읍 군사 3,700여 명을 인솔하여 안강에서 출발, 21일 새벽 4시에 경주성을 공략해 들어갔다. 하지만, 당시 경주성을 수비하고 있던 왜군 장수 타가와는 조선군이 경주성에 도착하기 전에 미리 병력 일부를 차출하여 인근 산골짜기에 매복시켜두고 있었다. 잠시 후 경주성에 도착한 조선군이 한창 공성(攻城)에 몰두하고 있을 때, 타가와가 미리 숨겨둔 복병들이 치고 나오기 시작했다. 타가와 역시 성문을 열고 출격하였다.

순식간에 앞뒤로 포위당한 조선군은 서둘러 공성을 포기하고 퇴각했다. 그러나 이미 앞뒤로 협공을 당하고 있던 터라 퇴각은 쉽지 않았다. 흥해와 영일의 관군이 먼저 달아났고, 병사 박진이 이끄는 관군이 서쪽 구미산을 따라 영천의 경계로 패주했다.[45] 판관 박의장이 여러 관리에게 말하기를 "참으로 성을 회복하지 못한다면 어찌 관리로서 이름이 있겠는가"라고 하면서 물러가 있는 이졸(吏卒)들을 재촉하고 또 의병들과 뜻을 모아 적병을 대파하자고 독려하였다. 이에 서문을 지키던 울산·영일 등의 의병들은 그와 함께 끝까지 항전하였다.

특히 의병장 정세아는 포위망에 빠져 사선을 넘나드는 고비를 겪다가 결국 적에게 포위되고 말았다. 이에 맏아들 정의번이 포위망을 뚫고 아버지를 구출하고 자신은 다른 의병들과 함께 순절하였다. 이날 영일에서 간 김우호[46]와 흥해에서 간 이봉수[47]는

---

45 손엽, 『용사일기』, 임진 8월 21조
46 수월재 김현용의 종제
47 이열(이명 : 李贊緖)의 당숙이다.

일거에 적을 참하고 다시 싸웠으나 총에 맞아 끝내 돌아오지 못했다.[48] 수월재 김현룡은 '형제산 남쪽의 강물은 푸르구나. 혼이여 혼이여 돌아가기 더디지 말게. 몸을 가벼이 여겨 순국하였으니 유감없으리. 효도는 집에서만 아니고 충으로 옮겼구나.'라는 시 「서천초혼가」를 남겼다.[49]

이날 서천전투에서 아군 전사자는 2,000명(관군 500명, 의병 1,500명)이었다. 서천의 물이 핏빛으로 물들었을 정도로 참혹한 패배였다. 권응수는 전투 중 말에서 떨어져 상처를 입었고, 경주 판관 박의장도 적에게 피습을 당해 어깨를 다쳤다.

패배의 원인은 전략 전술의 미숙, 작전상 기본적인 적에 대한 정보의 부족, 영천성 수복에서 얻은 자신감만 믿고 성급하게 공격한 탓이었다. 또한, 대병력의 무리한 강행군과 휴식할 여유를 갖지 못했던 것도 패인으로 작용했다. 출동한 군사 중에 식사를 못 한 자가 있었고, 행군 중 무거운 무기를 버린 것이 많았을 정도로 군사들이 지쳐 있었던 게 패배의 가장 큰 원인이었다.

---

48 김현용, 『수월재 실기』, 영일군사편찬위원회, 『영일군사』, 1990, p.180
49 김현용, 앞의 책

[2차 경주성 탈환 전투]

1차 공격에 실패한 경상좌병사 박진은 1592년 8월 25일 군사들을 경주 북쪽에 있는 안강으로 철수시킨 후 이곳에서 전열을 재정비했다. 포항권에서 간 의병장들도 진지를 형산강(안강)으로 옮겼으나 병사들은 반이 넘게 전사한 상태였다. 장기에서 간 이대임·서극인·서방경·안희성, 청하에서 간 김문용·김득경·이인박·김성운·이재화, 기계에서 간 김광복, 경주에서 온 이홍정·이홍로·김이관·장유정·이홍순·이홍각·이승급·이문익·이경호·이시립·이안백·이응남·이몽기·김태현·이준·이시인·이의립·장천기·신협·최계종·이몽황·이경택·이여성·이예립 등 35인이 진으로 와서 모였다.[50]

그나마 다행인 것은 진을 정비해보니, 막대한 손해는 입었어도 궤멸적인 타격은 모면할 수 있었기에 다음번 기회를 노려볼 수 있었다. 따라서 관군과 의병 합동군은 안강에서 얼마간의 정비 후 1592년 9월 8일 밤, 다시금 경주성 공략을 시도하였다.

조선군들은 대병력보다는 1,000명의 결사대를 조직하였다. 낮에는 공격하고 밤에는 주변 산에서 횃불로 시위를 하며 대포로 성안을 공격하였다. 이때 괘릉 사람 이장손(군기시 화포공)이

---

50   김현용, 앞의 책

비격진천뢰를 만들어 최초로 사용하였다. 비장의 병기인 비격진천뢰를 완구에 장착하여 경주성 안으로 쏘아 보냈다. 비격진천뢰를 처음 접한 일본군은 웬 쇳덩어리가 성안으로 떨어지자 처음에는 신기해하며 몰려들어 구경했다. 그러나 잠시 후 무시무시한 굉음과 함께 폭발이 일어났고, 사방으로 파편이 튀면서 수십 명의 왜군이 그 자리에서 즉사하는 엄청난 위력을 선보이게 되었다. 난생처음 접한 화력에 왜군은 크게 당황하였다. 비록 이날 조선군이 경주성의 성벽을 넘어가진 못했지만, 성안의 왜군은 이미 미지의 비밀병기의 위력을 두 눈으로 똑똑히 본 터라 사기가 곤두박질친 상태였다. 수비대장인 타가와는 이 상태로는 지원군이 와도 버티기 힘들 것이라는 판단하에 결국 경주성을 포기하기로 하였다.

1592년 9월 9일 이른 아침, 타가와는 경주성의 남문을 열고 나와 서생포 방면으로 퇴각하였다. 비록 타가와 부대는 놓쳤지만, 관군과 의병 연합 조선군은 본래 계획대로 속전속결로 뺏긴 지 100여 일 만에 경주성을 탈환하는 데 성공했다. 덩달아 왜군이 버리고 간 양곡 만여 석까지 얻게 되었다. 조선군이 경주성을 탈환하게 됨에 따라 왜군은 영천·안동·언양·울산 간의 교통망이 차단되었을 뿐 아니라 낙동강 보급로는 더욱 위태롭게 되었다. 서생포에 있던 왜군은 더욱 위축되었고, 바다를 통해 겨우

경주읍성 동쪽 성곽의 일부만 남아있는 모습. 임진왜란 때 왜군에게 점령된 이 읍성을 되찾기 위해 수많은 관군과 의병들이 희생되었다.

임진왜란 때 경주성 탈환에 처음 사용된 비격진천뢰. 화약과 철편(鐵片), 그리고 뇌관을 속에 넣고 겉은 쇠로 박처럼 둥글게 싼 것으로, 먼 거리에 쏘아 터지게 하였다. 이 무기는 포항 기북면 성법부곡에서 만들었다고 전해진다.

낙동강 서쪽 지역을 연락선으로 오가는 신세가 되었다.

이날의 승리로 조정에서는 파직시켰던 전 경주부윤 윤임함[51]을 복직시켰다. 그는 다음 해 7월 호조 참의가 되어 상경할 때까지 경주부윤을 다시 맡았다. 그동안 부윤으로 활동하고 있던 전 판관 박의장을 종 3품으로 승진시켜 선공관(繕工官) 부정에 제수했다. 다시 경주부윤이 된 윤임함은 읍성 객관에서 그동안 수고한 의병장들을 불러 참여시킨 가운데 동도복성(東都復城)의 축하연을 열고 후일을 경계하여 복성기(復城記)를 써서 객관에 걸었다. 복성기는 의병들을 치하하는 내용이 대부분이었다.

형산강 지구 전투와 명나라 군대 수발

경주성을 뺏기고 서생포로 퇴각한 왜군은 울산과 언양 방면에서 육로를 통해 경주 쪽으로의 진입을 시도했으나 그때마다 관군과 의병들이 격렬하게 저항했다. 이에 항해 기술이 발달한 왜

---

51 윤인함은 1592년 임진왜란 시, 경주부윤으로 재직 중 적군을 방어하지 못한 죄로 파직당하였으나 경주성이 함락된 후 의병을 모집하여 경주성의 회복에 큰 공을 세워 복직되고 선무원종호성공신(宣武原從扈聖功臣)이 되었다. 이 후 1597년에 형조참판이 되었다. 이 해 영위사(迎慰使)로 명(明)에 장수를 맞이하러 평양으로 갔다가 객사하였다. 문장과 그림에 능하였고, 특히 대(竹)를 잘 그렸다고 한다. 사후에 이조참판, 대제학에 증직되었다.

군들은 이제 동해안을 따라 올라와 영일만을 돌아 형산강으로 진입하는 방법을 택했다. 형산강에서 전투가 빈번했던 이유가 여기에 있었다. 형산강 첫 전투는 1592년(선조 25) 6월 30일에 있었다. 그 상세한 전황은 알 수 없으나 흥해 의병장 이열(李說)[52]의 「애일당실기」에 의하면, 이날 형산강에서 왜적을 만나 격퇴하고 병기 등을 빼앗았다고 한다.[53] 두 번째는 같은 해 7월 18일에 있었다. 의병군이 연합하여 형산강에 침입한 왜적을 통렬히 물리쳐 대승을 거두었다. 1592년 9월 10일 의병군은 형산강을 타고 포항과 안강 쪽에서 경주로 오는 길목이라 할 수 있는 광제원(廣濟院 : 현재 경주 용강동) 앞에 진을 치고 파수했다. 왜적은 1593년(선조 26) 6월에도 형산강으로 밀려왔다. 이에 맞선 전투는 홍천(안강읍 산대2리)에서 1593년 6월 9일에 있었다. 이날 전투는 의병들의 승리였다. 각 의병장은 16명 혹은 30명까지 사살하였고, 탈취한 총기류가 18점, 장창이 12개나 되었다. 다음 전투는 6월 27일에 있었다. 1593년 6월 25일 왜군 600여 명이 형산강을 가득 메우면서 올라왔다. 그들은 촌락에 들어가 마

---

52 이열의 자는 천뢰(天賚)이고 호는 애일당(愛日堂)이며 본관은 학성(鶴城)이다. 조선(朝鮮) 지중추원사(知中樞院使) 충숙공(忠肅公) 예(芸)의 후손으로 군자감판사(軍資監判事) 직겸(直謙)의 현손이며 정릉참봉(靖陵參奉) 덕원(德元)의 아들로 명종(明宗) 8년(1553) 지금의 포항시 북구 흥해읍 덕성리(句 興海邑 長生洞)에서 태어났다.

53 최효식, 『경주부의 임란항쟁사』, 1993, p.151

구 노략질을 해댔다. 의병들은 밤중에 진지를 형산으로 옮겨 주둔하였다. 그리고 며칠 동안 왜적의 동태를 살폈다. 그러는 동안 군량도 떨어져 갔다. 27일 새벽에 의병군은 강 건너 제산(弟山)에 있는 왜군의 진지를 급습했다. 그러나 왜적은 재빠르게 군진을 수습하고 포를 쏘면서 의병군을 역습했다. 이 전투에서 의병군은 27명이나 전사하는 처참한 패배를 맛보았다.[54]

명나라 군대가 투입되었으나 기대했던 명군은 영일권이 서울에서 멀다는 이유로 주둔을 꺼렸다. 하지만 이 지역은 왜군의 주둔지인 서생포와 가까우므로 특히 극심한 피해 권역이었다. 왜군은 서생포를 거점으로 호미곶반도를 돌아 형산강을 통해 계속 경주로의 진출을 시도했다.

1594년(선조 27)에는 기근과 전염병이 극성을 떨었다. 그렇게도 기대했던 명군의 지원군이 경주에 주둔하고 있었지만, 지역민들에게는 그들의 접대와 군량미를 보급하는 것이 가장 큰 문젯거리로 부상했다. 각 읍에서는 백성들이 그 보급을 분담해야 했는데, 그 고통 또한 무시할 수 없었다. 특히 장기고을은 본래 재정이 빈약한 고을이라 할당된 군량을 마련하느라 애를 먹

---

54 김용하, 『인심재일기』, 癸巳 6월

었다. 이때 죽계 이대임은 개인재산을 털어 소 10마리와 양식을 갖추어 경주로 갔으나 이미 납기 기일이 지나버렸다. 군영에서는 이대임을 군법으로 치죄하려 했다. 그러나 이대임은 조금도 동요하지 않고 말하기를 "마땅히 죽어야 하나, 한 사람이 죽으면 만 명의 군인이 굶주리는데 어찌하시오리까?" 하였다. 이에 명나라 장수(天將)가 크게 깨우쳐 말하기를 "공에게 향군(餉軍)을 맡기겠노라"라고 했다. 이대임이 군문(軍門)에 나가 향군할 기구를 갖추어 전부 손수 음식을 장만하니 여러 병사가 이대임의 정성을 보고 서로 돕기도 하였다. 이대임이 향군을 하니 모든 음식이 모두 맛이 좋고 또한 풍부하였다. 장병들이 서로 말하기를 "남쪽으로 온 이후 처음으로 포식하였다"하고 즐거워하였다. 왜군들은 아군이 굶주린 줄 알고 침범해 왔지만, 오히려 아군은 사기가 왕성하여 단번에 수십 급의 왜적을 참획하였다.[55]

이 무렵 왜군은 강화회담에서 본국으로의 철군을 약속했지만 전혀 이행되지 않고, 서생포를 거점으로 형산강을 통한 경주진입을 끊임없이 시도하고 있었다. 이에 1594년 5월 흥해 의병장 이열(李說)은 형산강 상류에 있는 홍천에 진군하였다. 왜군들은 영천으로 통하는 시티재를 확보하기 위해 출몰하였다. 이열이

---

55 이대임, 『죽계선생 실기』

이끈 의병군은 이들을 맞아 싸워 형산강으로 쫓아 버렸다.[56]

1595년(선조 28) 형산강전투는 특히 주목할만하다. 왜군이 형산강으로 진입한다는 정보를 입수한 경주와 울산의 의병장들이 의병군을 끌고 와 홍천에 진을 쳤다. 홍해군수 박응창(朴應昌)의 관군과 영일·홍해 등 의병장들도 형산강에 와 주둔하고 있었다. 마치 동강과 칠평천을 에워싼 듯한 의병진지가 펼쳐졌다. 마침내 1595년 4월 2일 새벽, 왜군은 강동 지역을 지나 형산강 깊숙이 들어섰다. 의병군은 강동에 둔치고 있던 홍해 의병장 이열이 기를 높이 드는 것과 동시에 포를 쏘면서 진격하였다. 홍천에 주둔하고 있던 의병군은 호각을 불면서, 경주 의병군은 북을 치면서 사방에서 일시에 왜군 진지를 향해 공격하였다. 완전히 포위된 왜적은 어찌할 바를 몰라 매우 당황했다. 아군은 맹렬한 공격을 퍼부었다. 이 전투에서 왜군은 거의 전멸되다시피 했다. 이 당시를 의병일지에는 '왜군이 모두 강물 속에 빠져 물이 흐르지 않았다'라고 기록하고 있을 정도로 큰 승리였다. 지금도 경주 양동마을 앞을 흐르는 안락천과 칠평천 사이에 있는 지역을 '죽음들'이라고 구전되는 이유가 여기에 있다.[57] 하지만 의병장 김홍

---

56 이열, 『애일당실기』, 갑오 5월조
57 최효식, 『경주부의 임란항쟁사』, 1993, pp.155~156

의병장 이대임의 보고서. 1595년(을미)
동해안 감포 일대를 수비하면서
당시 판관 박의장 휘하의 장좌(將佐)
황희안(黃希安)에게 쓴 동태보고서이다.
(출처 : 창녕이씨 족보)

위(金弘煒)가 조총을 맞아 고향 부동(釜洞)으로 후송되는 피해도 있었다. 의병군은 승전소식을 창녕에 있는 도원수 권율과 순찰사 서성(徐渻) 진영에 전했다.

동해안 이견대(利見台) 전투

　이견대는 옛날부터 왜구와 깊은 관계가 있는 곳이다. 이곳은 바로 동해구(東海口)로 대종천을 따라 동대산맥에 있는 추령을 넘어 경주로 들어가는 길이 있으므로 서생포로부터 출격하는 왜군이 이곳에 자주 나타난 곳이다. 의병장들은 대왕암과 이견대를 매우 중요시하였다. 그래서 대왕암에서 여러 차례 용신제를 올리고 왜적 격퇴의 결의를 다졌다. 이견대 전투는 1592년(선조 25) 8월 7일, 1593년(선조 26) 2월 25일에도 있었지만, 영일, 포항권 사람들과 직접적인 관계가 있는 전투는 1593년(선조 26) 4월 18일에 있었던 전투이다. 선조 26년에 접어들자 왜군은 자기들이 조·명연합군에 밀린다고 생각했는지 육군과 수군이 합세하여 다시 맹렬하게 진격해 들어오려고 하였다. 4월 18일 왜적이 이견대로 진입하게 되었다. 울산 의병장 박봉수(朴鳳壽), 서인충(徐仁忠) 등이 합력(合力)으로 의병군대를 이끌고 왔고 의병장

이눌(李訥)이 이견대로 출격하였다. 이 해상전투에서 의병군은 수많은 왜적을 참획 사살하였고, 도주하는 이들을 이견대 남쪽 앞바다와 포항 장기면 소봉대까지 추격하여 격살시켰다.[58]

당교지구(唐橋地區) 전투

당교전투는 1593년(선조 26) 2월 21일부터 27일까지 약 7일 간 상주시 함창읍과 문경시의 경계 다리인 당교(唐橋)에서 관군과 의병군이 왜군을 상대로 벌인 합동 격전이다. 임란 초기 당교는 4천여 명의 왜군이 주둔하며 한양으로 통하는 기지로 삼고 있었다. 순찰사 한효순(韓孝純)은 경상도 이북의 적세를 차단할 계획으로 경주·울산·영천·영일 등 7개 군(郡)의 병력을 지원받아 당교에 거점을 확보하고 있던 왜병의 진지를 급습할 계획을 세웠다. 그것은 당교가 경상 좌·우도의 목구멍 형태와 같은 요새지였던 까닭에 군사 작전상 매우 중요한 의미가 있었기 때문이다.

순찰사의 통문을 받은 병사 박진(朴晉), 권응수(權応銖), 비안현

---

58   최효식, 『경주부의 임란항쟁사』, pp.111~113

감 정대임(鄭大任), 밀양부사 이수일(李守一)[59], 양산군수 변몽룡(邊夢龍), 용궁현감 허응길(許応吉), 군교 김호의(金好義), 권수례(權守礼) 등이 군사를 인솔하여 문경으로 왔다. 열읍 의병들도 당교에 도착하여 거주지, 성명, 나이 등을 기록하고 망신순국(亡身殉國)하겠다는 결의로 회맹을 하였다.[60]

회맹 후 조선군은 당교를 중심으로 안동·예천·문경 등지에 분산 주둔하면서 죽령·조령 등으로 진출하려는 왜적의 왕래를 차단하는 작전에 들어갔다. 하지만 당교는 앞에 큰 강이 흘러 우리 군사가 진격하기에 어려움이 많았다. 1593년 2월 21일부터 10여 회에 걸쳐 전개된 격렬한 전투 끝에 그달 27일 조선군은 왜적을 문경 대승산 쪽으로 격퇴하는 데 성공하였다. 이로써 경상도 북부지역에서 아군의 군성(軍聲)이 높아지게 되었다.

이 전투에는 청하에서 간 김문룡(金文龍), 장기에서 간 서방경(徐方慶)·이대임(李大任), 영일에서 간 김현룡(金見龍)·김우결(金宇潔)·김우정(金宇淨)·권여정(權汝精)·김천목(金天穆)이 참여하였다.

한편, 1594년 정월에 곽재우 의병장이 악견산성(岳堅山城)을 수축한다는 소식을 듣고 이 고장의 의병장들은 각각 수백 명의 의병

---

59 장기현감을 하다가 공을 세워 이때는 밀양부사로 승진되어 있었다.

60 조경남, 『난중잡록(亂中雜錄)』

을 거느리고 곽재우 의진을 찾아 출발했으나, 남쪽 길이 중단되어 혈맥이 통하지 못하는 까닭에 군사를 안강현으로 회군하였다.[61]

구강회맹(鷗江會盟)

구강(鷗江)은 울산 동천(東川)이며, 구체적으로는 동천 하구에 있는 반구동을 의미한다. 임진왜란 중인 1593년(선조 26) 10월 26일 울산·언양·경주·장기·연일·영천 및 거주 불명의 의병장들이 구강에 모였다. 울산에 김태허(金太虛)·윤홍명(尹弘鳴)·서인충(徐仁忠) 등 22명, 언양에 신전(辛荃) 등 3명, 경주에 권사악(權士諤)·김광복(金光福)·견천지(堅川至) 등 29명, 장기에 이대임(李大任) 등 2명, 연일에 김현룡(金見龍) 등 4명, 영천에 강일찬(姜日讚) 등 3명, 거주 불명 오열(吳悅) 등 4명으로 모두 67명이다. 윤홍명(尹弘鳴)의 『화암실기(花巖實紀)』 중 「구강동고록(鷗江同苦錄)」이라는 항목에 그 명단이 실려 있다. 명단은 먼저 이름을 쓰고, 세주(細註)로 자(字), 호(號), 본관(本貫), 시임 관직(時任官職), 시호(諡號), 녹훈(錄勳) 여부를 기록하였다. 『화암실기』는 선무원종공신을 책

---

61 영일군사편찬위원회, 『영일군사』, 1990, p.181

훈한 1605년(선조 38) 4월 이후에 작성한 것이다. 회맹 당시에
는 가토 기요마사[加藤淸正]가 이끄는 왜군이 서생포에 주둔하
고 있으면서 간혹 울산, 경주에 출몰하는 등 전쟁이 소강상태에
있었다. 따라서 이 모임은 '회맹'보다는 왜군의 동정을 살피면서
이에 대처할 전략(戰略)을 논의한 자리였던 것으로 보인다.

구강회맹에 모였던 울산을 포함한 영남 지역의 의병장은 이
후 활발한 의병 활동을 벌였고, 전쟁이 끝난 뒤 선무원종공신에
책훈되었다. 구강회맹에 참여한 의병장들을 통해 울산, 경주, 영
일, 기계, 장기지역 의병장의 구체적인 면모와 다른 지역 의병장
들과의 연계 활동 등을 파악할 수 있다.

팔공산 회맹(會盟)

대구 팔공산 공산성은 임진왜란 때 대구읍성이 왜적에 의해
함락된 뒤 줄곧 의병군의 진지가 되었다. 의병장들의 팔공산 회
맹은 여러 차례 있었다. 그것은 팔공산이 영남의 중앙에 해당하
는 지정학적 위치뿐 아니라 요새지인 점이 고려되었다. 1596년
3월 3일(선조 29) 제1차 팔공산회맹이 있었다.

이때 열읍(列邑)의 의병장들이 운집한 상황을 류정(柳汀)의 「송

호일기(松壕日記)」, 이언춘(李彦春)의 「동계실기(東溪實記)」, 박인국(朴仁國)의 「정엄실기(靖广實記)」, 윤홍명(尹弘鳴)의 「화암실기(花岩實記)」 등으로 종합해 보면, 통문을 받은 58개 읍 422명의 의병장이 공산성에 일제히 모였다고 한다.

위 실기들 외에도 류백춘(柳伯春)·남득의(南得義)·이준(李俊)·박회무(朴檜茂)·이시발(李時發)·문희성(文希聖)·박태회(朴泰回) 등 8인이 작성한 실기의 회맹록을 살펴보면 포항권 지역에서 참여한 의병장들은 흥해의 이열(李說)·박몽서(朴夢瑞)·최흥국(崔興國)·정인헌(鄭仁獻)·호민수(扈民秀)·이대립(李大立)·이화(李華)·진봉호(陳奉扈)·이대인(李大仁)·이영춘(李榮春)·정삼외(政三畏)·안성절(安成節)·정삼계(鄭三戒), 청하의 김문룡(金文龍)·김득경(金得鏡), 영일의 김현룡·김원룡·권여정·김우정·김우결·심희청·김천목·이추, 장기의 이대임·서방경·서극인 등이다.

제2차 팔공산 회맹은 1596년 29년 9월 28일에 있었다. 대구지방의 왜적 침입 소식을 듣고 각 읍의 의병장들이 정병을 이끌고 동참하였다. 9월 25일 영천에서 울산·영천·영일 등지의 의병들이 합류되었는데 그 숫자가 3,000여 명이 되었다.[62] 포항권

62　김현룡의 『수월재선생유고』. "병신(丙申) 9월 초 7일에 영천에 유진(留陣)하고 있었다. 이때 안시명(安諟命), 김춘룡(金春龍)...(중략)... 이대임(李大任), 서방경(徐方慶)이 모두 여기서 모였다. 28일에 13읍(邑) 모든 의장(義將)과 더불어 팔공산에 들어가 동심(同心)으로 회맹(會盟)하여 목숨 걸고 적을 치기로 의논했다."

에서는 정삼외·정삼계·정삼고·최준민·정인헌·안성절·호민수·이화·박몽서·진봉호·이대립·이대인·이열·김현룡·김우결·심희청·김천목·이대임·서극인·이경원·최준민·정인헌·박몽서·진봉호·이대립·이대인 등이 참여하였다.[63]

이 병력은 팔공산에 도착한 다음 날 전투에 임하여 크게 승리하였다. 전투가 승리로 끝난 다음 참여한 모든 의병장은 전투에 대한 득실을 논한 다음 회맹을 갖게 되었다.

화왕산 회맹(會盟)

1597년 정유재란 시 원균이 이끄는 조선 수군이 먼저 왜군에 의해 격파되고, 왜군 1진이 거침없이 전라도로 향한 다음 다시 쳐들어오는 왜병의 선봉이 이제는 영남의 우측으로 집결되는 듯하여지자 경주를 포함한 영남의 좌측에 있던 의병장들은 우측 길목인 창녕의 화왕산성으로 모여들었다. 이곳이 왜군의 북진을 격퇴하기 위한 낙동강의 최 요새지였기 때문이다. 경주에서 200여 리 떨어진 화왕산성은 당시 방어사 곽재우가 군사를 다스리

---

63 김득복, 「종군록」, 김현룡의 『수월재선생유고』

며 중점적으로 수비하고 있었다. 곽재우는 왜적이 울산·밀양 등지에서 전라도 방면으로 진격해 오자 밀양·영산·창녕·현풍 등네 고을의 군사를 이끌고 이 산성에 들어가 사수하기로 하였다.

영일 의병장인 김현룡은 1597년 7월 2일에 곽재우가 현풍 고을에 돌문을 새로 쌓는다는 소식을 듣고, 종형제 원룡·우정·우결과 같이 의병들을 인솔하여 갔다. 현풍 석문에 들어가 성문을 지킨 지 얼마 안 되어 왜적이 다시 병사를 움직일 기세가 있었다. 장기의 서방경(徐方慶)과 이대임(李大任)은 1597년 7월 9일 의병들을 이끌고 화왕산으로 갔다. 그 무렵 흥해의 정삼외도 의병을 이끌고 달려갔다. 의병들은 7월 21일 '적과 맞서 죽음을 맹세'하기로 회맹을 했다. 이때 회맹에 참여한 의병은 600~700명이 되었다.[64] 8월에 적장 가토 기요마사가 병사를 이끌고 성 아래에 이르러 깃발과 창이 삼엄하였다. 군사들이 모두 겁에 질려 있을 때 곽 장군은 여러 의사와 함께 죽음을 결심하고 적을 막자고 독려했다. 곽재우가 섶을 쌓아 불을 놓으며 "성이 만약 함락되면 마땅히 모두 불에 타 죽으리라" 하고는 조용히 정돈하고 있으니, 적은 기미를 눈치채고 감히 성을 침범하지 못하고 도망갔다.

---

64 최동보 『우락재(憂樂齋)실기』 "정유(丁酉) 7월 초 7일에 우방어사 곽재우가 화왕산에 결진(結陣)하였음을 듣고 제장(諸將)과 더불어 군사를 거느리고 갔다. 12일에 산 아래 이르니 각 고을 모든 의장 권옹(權滃), 류비(柳斐)...(중략)... 서방경(徐方慶), 이대임(李大任) 등 50여 명이 와 모였다."

도산 전투 참여

도산성은 지금의 울산 학성공원에 있는 울산왜성을 말한다. 이 성은 왜적장 가토 기요마사(加藤淸正)가 정유재란 때인 1597년 11월 10일에 착공하여 12월 중순에 완공하였다. 가토는 1만 6천여 명의 병력을 동원하여 울산 읍성과 병영성의 석재를 뜯어 옮겨다 이 성을 축성했다.

임진왜란의 마지막 혈전 중 하나였던 도산성전투는 처절했다. 1차 도산성전투는 1597년 12월 22일부터 다음 해 1월 4일까지 13일간에 걸쳐 벌어졌다. 당시 조·명연합군은 울산에서 이기면 침략군을 바다 너머로 내쫓을 수 있다고 판단했다. 명나라 장수 양호(楊鎬)가 4만4,000여 명 군사를 이끌고 도원수 권율(權慄)의 조선군 5만여 명과 함께 울산으로 진군하였다. 조선군에는 경상좌병사 고언백(高彦伯), 경상좌수사 이운룡(李雲龍), 경상우병사 정기룡(鄭起龍) 등 여러 장수가 참가하고, 울산뿐 아니라 경주, 영천, 영일지역 의병들도 참전하였다. 흥해와 영일지역에서는 이열·김우정·김우결이 적극적으로 참여하였다. 울산왜성에는 가등청정의 1만여 장졸이 주둔하고 있었으므로 군대 규모로는 조·명연합군이 압도적으로 우세했다.

1597년 12월 22일 조·명연합군은 도산성을 포위하고 포격과 화공을 개시했다. 이날부터 13일간 피아간에 치열한 전투가 벌어졌다. 도산성 안의 왜적은 군량이 떨어지고 마실 물이 모자라 사상자가 속출했다. 도산성 1만여 왜적은 대부분이 죽고 500명밖에 살아남지 못했다. 그때 부산·양산·안골(진해)·가덕(부산 가덕도) 등지에 주둔하고 있던 일본군 장수 11명이 6만여 대군을 이끌고 달려왔다. 이미 조·명연합군도 1만 5,000명이나 전사한 상태였다. 설상가상으로 겨울철에 큰비가 내려 병사와 말이 얼어 죽는 등 전투 상황이 조·명연합군에게 불리하게 전개되었다. 결국, 1598년 1월 4일 조·명연합군은 경주로 철수하였다. 이 전투에서 영일에서 김현용이 인솔해 간 의병 중 얼어 죽은 자가 30명이나 되었다. 이때 김현용의 종제 김우정(金宇淨)이 전사하였다. 김현룡은 아우의 시체를 찾지 못해 경주 서천전투에서 사촌 동생 김우호(金宇灝)가 전사하던 날 보다 더 가슴이 아팠다고 술회했다.[65]

2차 도산성전투는 1598년 9월 22일부터 25일까지 13일간 전개되었다. 명나라 제독(提督) 마귀(麻貴)는 2만4,000여 명, 조선군 별장 김응서(金応瑞)는 5천500명을 이끌고 9월 21일 경주에서 울산으로 출발하였다. 13일 동안 전개된 치열한 전투에서

---

65 김현룡, 위의 책

조·명연합군은 적에게 크게 타격을 주고 조선인 포로 1천100여 명을 구출하기도 하였다. 그러나 마귀는 명나라군이 사천성에서 패전했다는 소식을 듣고 철수를 결정하였다.

두 차례의 도산성전투 결과 조·명연합군은 성을 함락시키지는 못했다. 하지만 1598년 8월 도요토미 히데요시가 사망한 뒤 내려진 철수령에 따라 그해 11월 가토 기요마사는 도산성을 불태우고 서생포왜성으로 물러났다가 그 성마저 버리고 철수하였다.

정유재란 당시 두 차례에 걸친 도산성전투에는 울산의 의병뿐 아니라 포항·경주권 의병들이 대거 참여하였다. 성을 함락하지는 못하였지만, 수많은 왜적을 죽이고 남은 왜적들을 도산성 안에 고립시켜 진로를 차단했다는데 큰 의의가 있다. 전쟁 수습 과정에서 울산군이 울산도호부로 승격된 것은 임진왜란과 정유재란 과정에서 이 전투에서 지역민들이 수행한 역할이 컸기 때문이다.

임란의 격전지, 포항 골곡포(骨谷浦)

포항 북구 송라면 화진해수욕장은 임진왜란의 대표적 격전지이다. 자료의 부족으로 일시는 특정할 수 없으나, 고로(故老)들의 전언에 의하면, 임진왜란 때 왜적의 보급부대가 송라면 화진 백

경주 임란 의사 추모탑. 창의(倡義)한 의사 355명의 명단에는 영일권에서 간 사람들의 명단이 등재되어 있다. (황성공원)

사장에 침입해 주둔하자 송라찰방의 관원, 도리봉수대의 봉군, 그리고 고을 의병들이 합세하여 송라면 대전리 대동숲에 매복해 기회를 노리고 있다가 야간에 급습해 이튿날 새벽까지 3전 3승의 혈전을 거듭했다고 한다. 이때 피아간 상당수의 사상자가 생겼다. 이로 인해 임란 후 청하군수가 이 지역에서 전사한 아군의 위령제를 거행했다고 전한다. 당시 대동숲에 모인 의병의 숫자가 얼마 있었는지는 알 수 없으나, 그때 팠다고 전하는 우물(泉井)이 있어 지금까지도 주민들은 군정수(軍井水)라고 부르고 있다. 또한, 군사상 중요서류들을 감췄다는 서장고(書藏庫)라는 석굴이 있다.

그리고, 화진 백사장 일대를 골곡포(骨谷浦)라고 부르기도 했는데 이 마을 북쪽에서 벌어진 격전으로 전사자들의 유골과 활촉이 지난 1930년대 이전까지도 간간이 발견됐다고 전한다. 이후 포항시 북구 청하면 일대의 지역 유지들은 해마다 6월 6일 현충일에 화진해수욕장에서 위령제를 열어 호국의 원혼들을 위로하고 있다.

임진왜란 때 의병장 또는 관군의 일원으로 참여하였다가 전쟁이 끝난 후 국왕으로부터 교지를 받은 지역 유공자는 흥해 22명, 영일 16명, 장기 12명, 청하 7명, 기계 7명, 신광 3명 등이다.[66] 이는 임진왜란 당시 지역 사람들이 얼마나 적극적으로 왜적에 항거하였는지를 알려주는 증거다.

---

66 포항시사편찬위원회, 『포항시사』, 삼양문화사, 2010, p.31

3

한 말 반봉건·반외세에
횃불을 든 포항인

위정척사 운동

19세기 후반 조선 사회는 안으로 근대화라는 사회변혁의 문제와 밖으로 국권 수호라는 민족생존의 문제를 안고 있었다. 이 시기에 지역인들은 척사(斥邪)계열, 동도서기(東道西器)계열, 개화(開化)계열로 나누어져 각각의 사상에 따라 대처하는 양상을 달리하였다. 이중 척사계열의 유생들은 위정척사론[1]을 고수하여 외세의 배격과 서구의 신사상 및 문물의 도입을 일체 반대했고, 수구적인 자세를 견지하는 위정척사 운동을 전개해 나갔다.

1880년(고종 17) 일본에 파견된 수신사(修信使) 김홍집(金弘集)은 당시 청국 주일 공사관 참찬관(參贊官) 황준헌(黃遵憲)이 지은 『조선책략』을 기증받아 귀국해 고종(高宗)에게 바쳤다. 이 책략의 내용 가운데 가장 주목되는 것은 러시아로부터 우리를 보호하는 방법으로 중국과 친하게 지내야 하고, 일본과 미국과도 서

---

1 위정척사란 '사(邪)'를 물리치고 '정(正)'을 지킨다는 것을 의미한다. 19세기 중엽 조선 사회는 밖으로 자본주의 열강의 위협과 도전에 대항하여 자기를 지키려는 자주적 민족의식이 고조되었는데, 이러한 정신을 위정척사사상이라고 한다.

로 단결하여 자강책을 도모하자는 것이었다. 이 책략의 내용이 일반에게 알려지자 척사론(斥邪論)을 주장하는 유림(儒林)들로부터 맹렬한 반대론이 일어났고, 각처에서 반대 상소가 이어졌다. 이와 같은 여러 반대소(反對疏) 중에 신사년(辛巳年 : 1881년)에 일으킨 영남 유생 이만손(李晩孫) 등을 소두(疏頭)로 한 만인소(万人疏)와 강원도 유생 홍재학(洪在鶴) 등의 복합상소(伏閤上疏)는 글자 그대로 만인의 원성을 대변하는 것이었다. 전국의 유생들이 이에 호응하고 급기야는 민씨 정권과 개화파를 공격하는 반정부운동으로까지 발전하였다.

포항·영일지역에 위정척사와 관련된 상소문은 실물을 찾기 어렵다. 비록 지금은 전하지는 않으나 장기(長鬐)지역 선비로서 산남의진(山南義陣)에서 활동한 정치익(鄭致翼)의 일기에 지역 유생들의 상소문 중 척사문이 있었다고 전하는데, 일제강점기 때 실전(失伝)되었다니 안타까울 뿐이다.

영일군 죽장면 두마 출신인 벽도(碧濤) 양제안(梁濟安 : 1860~1929)도 1876년(고종 13) 병인양요 때 격문을 만들어 척양척왜(斥洋斥倭)를 주장하였다고 한다.[2]

위정척사를 고수하던 흥선 대원군은 1871년(고종 8) 쇄국양이

---

2 배용일·이상준, 『포항의 독립운동사』, 영진종합인쇄, 2017, p.36

정책(鎖國洋夷政策)을 내외에 과시하기 위해 전국의 주요 지역 요지 200여 곳에 척화비(斥和碑)를 세웠다. 프랑스의 침공을 받은 대원군은 서양 오랑캐와 화친한 중국이 겪는 폐단을 지적하면서, '고통을 이기지 못하여 서양 오랑캐와 화친한다면 나라를 파는 것이고, 그들의 위협에 굴복하여 교역을 허락한다면 나라를 망하게 하는 것'이라고 하며, 제국주의 열강의 침략에 굳세게 싸울 것과 그들의 문호개방요구를 받아들이지 않을 것을 강조했다. 척화비는 1882년 임오군란으로 대원군이 청나라에 납치되어 갔을 때 일본공사(日本公使)의 요구에 따라 일부 철거되었지만, 기록에 의하면 1925년까지만 해도 여러 곳에서 남아있었다고 전하는데, 일제강점기 때 거의 땅속에 묻혀 방치되었다가 최근에야 하나씩 그 모습을 드러내고 있다.

이러한 민족과 시대의 아픔을 상징하는 척화비가 포항에서도 2기가 있다. 장기척화비와 흥해척화비가 바로 그것이다. 화강암이 아닌 사암(砂巖)으로 된 장기(長鬐) 척화비는 장방형 판석(長方形 板石)으로 6면을 마연(磨研)한 다음 앞면에 각자(刻字)하였다. 이 비는 원래 장기읍성으로 올라가는 길옆에 있다가 1925년을 전후하여 일본 관리들에 의해 장기 순사주재소(현재 포항남부경찰서 장기지서가 들어서 있음) 댓돌 밑에 파묻혔다. 민족정신을 말살하려는 듯 하필이면 핍박의 상징인 일본 순사들이 들락거리

장기척화비(斥和碑): 재료는 사암이며 1871년에 건립되었다. 높이 120cm, 폭 45cm, 두께 21cm인 비석 표면에 "洋夷侵犯 非戰則和 主和賣國(서양 오랑캐가 침입하는데, 싸우지 않으면 화친하자는 것이니, 화친을 주장함은 나라를 파는 것이다)"라는 주문(主文)을 큰 글자로 새기고, "戒我万年子孫 丙寅作 辛未立(우리들의 만대자손에게 경계하노라. 병인년에 짓고 신미년에 세우다)"라고 작은 글자로 새겼다.

며 밟고 다니는 댓돌 밑에서 수십 년간을 신음해오던 이 척화비는 1951년 4월 초, 장기지서를 새로 짓는 공사를 하다가 우연히 발견되었다. 처음에는 별 가치를 몰라서인지 장기면사무소 정문 좌측 공터에 임시로 세워두었다가 1990년 8월 7일 문화재 자료 제224호로 등록되자 그해 12월 1일, 더욱 좋은 위치인 근민당 옆으로 이설(移設)하고 보호책도 설치하였다. 척화비에는 「洋夷侵犯 非戰則和 主和賣國 戒我万年子孫 丙寅作 辛未」라고 적혀있다.

흥해 척화비는 2001년 8월 6일 칠포 암각화군 근처에서 발견되었다. 포항 흥해읍 칠포리-금장리 간 도로확장 공사 현장에서 이 마을 주민 원광생씨가 땅속에 묻혀있다 돌출된 높이 130cm, 폭 40cm, 두께 25cm 크기의 척화비를 발견, 신고함으로써 세상에 알려지게 된 것이다. 발견 당시 사암(砂岩)으로 된 척화비에는 전체 문자 18자 중 '양이침범 비전즉'(洋夷侵犯 非戰則) 7자만 해독할 수 있었고, 나머지 11자는 훼손이 심해 판독이 어려웠지만, 보존처리가 된 지금은 판독할 수 있다. 대원군이 병인양요 후 전국 각지의 교통요지에 세운 척화비가 왜 흥해군 소재지가 아닌 칠포리에서 발견되었을까에 대해 의문이 가지만, 그곳 칠포에는 1870년 칠포수군만호진이 동래로 옮겨가기 전까지 7개의 포대가 있었던 곳으로 동해를 방비하는 수군의 전진기지였다. 또한, 인접한 도시들로 통하는 해로(海路)의 교통요지였다. 이 역시 일제강점기 때 땅속에 매몰되었다가 2001년 8월에야 비로소 세상에 나와 그 빛을 본 것이다. 흥해 척화비에는 「戒我万年子孫 洋夷侵犯 非戰則卽 主和賣國 丙寅作 辛未」라고 적혀 있다.

흥해 척화비. 포항시 북구 흥해읍 영일민속박물관 뜰에 있다.

을미의병

을미의병(乙未義兵)은 1896년 1월에 시작되어 그해 9월 9일까지 계속되었기 때문에 전기의병(前期義兵)으로 분류한다. 을미의병의 봉기는 명성황후시해사건과 단발령을 직접적인 원인으로 꼽지만, 그 기저에 있는 더 큰 원인은 '위정척사'라는 사상적 배경에서 찾아야 할 것이다.

개항을 전후 한 시기에 위정척사를 주장하는 사람들은 처음에는 내수론(內修論)을 내세웠다. 즉, 문제의 근본은 내부에 있다고 주장하고 상소 투쟁을 전개하였다. 그러나 시기가 차츰 지나 일제의 한반도 침략이 노골화되던 1895년 이후부터는 외세를 물리쳐야 한다는 외양론(外攘論) 중심으로 그 주장이 바뀌었다. 이로 말미암아 위정척사파의 행동도 종래의 상소 투쟁과 같은 소극적인 주장에서 의병투쟁과 같은 적극적인 무력항쟁으로 나타나게 되었다.

경상도에서 을미의병 봉기는 먼저 안동지방에서 일어났다. 이지역은 조선시대 이래 퇴계 이황과 서애 류성룡을 배출한 유학의 본고장으로 성리학의 전통적 흐름이 다른 어느 곳보다도 강했던 곳이다. 따라서 김홍집이 2차 수신사로 일본에 다녀온 후 그가 고종에게 『조선책략』을 진상하였을 때, 예안(礼安) 출신 이만손을 비롯한 이곳 유생(儒生) 1만여 명이 집단으로 연명해서 '만인소(万人疏)'를 올리고 일제와의 문화교류를 철저히 배격하였다. 그만큼 안동은 부민이나 유생들의 척사사상이 강한 지역이었다.

1895년 명성황후시해사건 이후 민심이 극도로 격앙되어 오던 중 단발령 소식이 안동에 전해지자 안동의 유학자 곽종석(郭鍾錫)·김도화(金道和)·김홍락(金興洛)과 권진연(權晋淵)·강육(姜錥) 등 200명이 통문을 돌려 창의(倡義)를 외치고 국모 시해에 대한 복수를 다짐하고 나섰다.

예안에서도 이만도(李晚燾), 금봉술(琴鳳述), 이만윤(李晚允) 등 200여 명의 통문이 나돌았다. 이렇게 결성된 수백 명의 의병은 1895년 음력 12월 3일, 안동의 관찰사부(觀察使府)를 점령하고 무기를 빼앗았다. 안동부가 의병에 의해 완전히 장악되자 1896년 1월 24일 관찰사 김석중(金奭中)은 겁을 먹고 도망가버렸다. 관찰사부를 점령한 안동의병진은 김홍락·류지로 등을 중심으로 참모진을 짜고 권세연(權世淵)을 안동의진 의병대장으로, 이상오(李相五)를 좌익장으로 임명하는 등 진용을 정비하였다. 권세연은 본부를 향교에 차려두고 인근 지역 사민(士民)에게 의병동참을 촉구하는 격문을 돌려 의병들을 모으자 10여 일 만에 4만여 명이 안동으로 모여들었고, 그 규모가 서울까지 알려지게 되었다.

그러나 안동의진은 이 무렵 결성된 다른 지역 의병의 경우와 마찬가지로 기개는 컸지만, 훈련과 치밀한 작전계획이 부족했다. 그러기에 거병 두 달 뒤인 1896년 1월 28일 도망갔던 관찰사 김석중이 대구부의 관군을 이끌고 쳐들어오자 패하고 말았다. 이후 의병장 권세연은 태백산 구마동(九麻洞)으로 들어가 의병을 모으고 무기를 구입하는 등 재기를 준비하였다.

김석중이 이끈 관군에 의해 안동관찰사부가 관군의 지배로 다시 넘어갈 무렵 봉화 청량산에서는 벽산(碧山) 김도현(金道鉉)과 류시연(柳時淵) 등이 안동·영양·봉화·영천지방의 의병을 모아 대열을 정비하고 있었다. 예천에서도 박주대(朴周大)를 이어 박주상(朴周庠)이 의진을 맡으면서 안동을 중심으로 반격 대열이 형성되었다. 이들은 서로 연락을 취해 1896년 2월 19일 재차 안동부를 공격하여 재입성하고, 안동탈환에 공로가 컸던 김도화를 새로운 안동의진 의병대장으로 추대하였다.

한편, 안동의병의 2차 공격에 놀란 김석중은 다시 도망하다가 때마침 문경에서 일어난 이강년 의병에게 붙잡혀 1896년 2월 25일 농암 장터에서 처형되었다. 이 무렵 제천진영의 서상설(徐

相設)·원용정(元容正) 의병진이 남하하여 예천에서 김도화의 안동의진과 합류하였다.

김도화를 중심으로 새롭게 결성된 안동의병진은 예천군수 류인성, 의성군수 이관영, 영덕군수 정재관을 단죄하고 상주를 공략하였다. 그리고 3월 그믐께부터는 당시 함창의 태봉(胎峯)에 있던 일본수비대[3]를 공격하여 4일간 치열한 공방전을 펼쳤지만, 대구에서 증파된 일본군으로 말미암아 혈전만 거듭한 끝에 의병들은 예천 풍기방면으로 후퇴하였다.

태봉전투 이후 약화한 안동의병진은 소규모 유격전을 전개하다가 고종의 해산 권고를 받고 해산하였다. 그러나 예안의진의 중군장을 맡았던 김도현(金道鉉)만이 의병해산을 거부한 채 강원도 의병 민용호의 요청에 따라 60여 명의 의병을 이끌고 강릉으로 진군하였다. 김도현은 그곳 민용호 부대와 연합하여 선봉장으로 활약하였다. 그때 형성된 연합의진은 삼척으로 이동하여 삼척의병장 김헌경(金憲卿) 부대와 함께 1896년 4월 19일 삼척전투를 치렀다. 이 전투에서 퇴각한 김도현은 남은 의병을 이끌고 고향인 경상도 영양으로 돌아와 영양군 청기면 상청동에 검산성을 쌓고 항전을 계속하다가 의진을 해산하였다.

---

3   갑오년(1894)에 동학군 토벌을 핑계로 들어온 왜군이 전국 곳곳에 있었다.

을미의병 시기에 포항·영일지역을 기반으로 하는 영남학파 유생들, 혹은 갑오경장 직후부터 국권을 수호하기 위해 반일 의병 활동을 펼쳤던 강력한 구국성향을 지닌 의사들도 의병 활동에 나섰다. 이들은 김도화가 이끄는 안동의병진의 초기 항쟁과 이어 계속된 김도현 진영, 그리고 김천에서 활동한 이기찬(李起燦)의진, 경기도 이천(利川)에서 거의하여 의병진을 이끌고 포항쪽으로 남하한 김하락(河洛)의진 등의 항쟁에 참여하여 큰 역할을 하였다. 그 대표적인 인물로는 흥해 출신의 최세윤(崔世允)·장상홍(張相弘)·이우정(李寓禎), 죽장(竹長) 출신의 양제안(梁濟安), 장기(長鬐) 출신의 장헌문(蔣憲文) 등을 꼽을 수 있다.

 흥해 출신인 최세윤은 1896년 같은 고을의 장상홍(張相弘)·정래의(鄭來儀) 등과 함께 의병 400여 명을 규합하여 안동의진의 의장 김도화 진중에 들어가 아장(亞將)의 직책(안동의진 左翼將)을 맡았다. 최세윤은 예안의 의병장 향산(香山) 이만도(李晚燾)와도 연결되어 군무(軍務)를 의논하였고, 그의 신임을 받기도 했다. 그뿐만 아니라, 고종이 의병을 해산하라고 권고를 함에 따라 의병들이 거의 해산될 무렵에도 최세윤은 의병을 해산하지 않고 1896년 5월 하순, 영양군으로 가서 그때까지 동해안 일원에서 계속 항쟁을 하던 김도현 진영에 합세하여 의진 항쟁에 크게 이바지하였다. 그 후 김도현 의진이 해산됨에 따라 향리인 흥해로

돌아와 학림강당(鶴林講堂)에서 인근 고을의 제자를 교육하며, 방
조(防祖) 농수선생문집(農叟先生文集) 속집을 족형 최홍식과 같이
간행하면서 훗날을 기약하였다. 훗날 을사늑약이 체결되자 그는
산남의진(山南義陣)에 참여하여 3대 의병대장으로 추대되었다.

이 시기 영일 기계(杞溪) 현내(縣內)리 출신인 이종흡(李鍾翕)도
1896년 안동에서 김도화 의병장과 같이 의병을 일으켰다.

포항 죽장 출신 벽도(碧濤) 양제안(梁濟安)[4] 역시 을미의병을 주
도한 사람이다. 『양벽도공제안실기(梁碧濤公濟安實記)』에 의하면,
양제안은 6~7세에 문리를 깨우치고 통사 7~8권을 역람(歷覽)하
였지만, 경학보다는 병서를 두루 읽어 일찍부터 병술에 일가견
을 이루었다고 기록하고 있다. 양제안은 1866년 병인양요가 발
생하자 16세의 나이로 척사격문을 작성하여 돌리려다가 부친의
책망을 듣고 그만두었다. 일본 군국주의 세력이 동학난 평정을
구실삼아 온 나라를 짓밟기 시작했을 때 벽도는 이를 앉아서 보
고만 있지 않았다. 동학교단과 제휴하여 당시 서울에 주둔하고
있던 일본군을 무력으로 축출할 것을 계획하였다. 1893년 척양
척왜의 기치를 들고 농성을 벌인 동학교단의 보은집회에 참석한

---

4 벽도(碧濤) 양제안(梁濟安)은 1851년 충청북도 옥천군 청산면 의지리에서 양재구
   (梁在九)의 장남으로 태어나, 전기의병에 참여한 후 영일군 죽장면 두마리 1122번지
   로 이주하여 살다가 이곳에서 사망하였다.

벽도는 교주 최시형을 만나 무력을 통한 일본군의 소탕을 제의하였으나 최시형은 무력이 아니라 시위운동을 주장함으로써 뜻을 이루지 못하였다. 이에 벽도는 동학도의 움직임과는 별도로 1893년 충북 진천 용소동(龍沼洞)에서 군사를 모았다. '도원결의(桃園結義)'[5]처럼 벽도는 용소동에서 허문숙(許文叔), 조백희(趙伯熙)와 더불어 진천결의(鎭川結義)를 맺고 부국창의(扶國倡義)의 뜻을 굳게 다짐했다. 이 뜻에 따라 벽도는 전국을 잠행하며 88명의 동지를 규합, 의형제로 뭉치는 데 성공했다. 이것이 1883년 결성된 진천기군(鎭川起軍)이다. 성주의 심산(心山) 김창숙(金昌淑) 선생도 이 '88형제 결의'의 한 사람이 되었다. 벽도는 이 88형제 결의에 의한 세포조직을 통해 서울·전주·선산을 연결하는 3각 지역에서 일제히 군사를 일으키려 했다. 이때 은밀히 동학교도와 연결하고 있었다.

1894년 양제안은 고종으로부터 밀칙(密勅)을 받고 허위·유만식 등과 거사하려 했으나 결국 실패로 돌아갔다. 1895년 명성황후가 시해되자 벽도는 더는 참는 것이 무의미하다고 판단하고 항일 거의에 본격적으로 뛰어들었다. 의병대장 유인석·민긍식 등과 손잡고 창의한 것도 이때의 일이다. 그는 충북 진천에 의

---

5 나관중의 『삼국지연의』에서 유비, 관우, 장비가 도원(桃園)에서 의형제를 맺은 결의

병 총본영을 설치하고 의병을 계속 모집해 훈련하는 한편 1895년 이기찬(李起燦)의 '김산의진(金山義陣)'[6] 중군장이 되었다. 김산의진은 의병대장에 이기찬, 군문도총에 조동석, 찬획(贊劃)에 감무형, 참모장에 허위, 서기에 이시좌·여영소, 중군장에 양제안, 선봉장에 윤흥채를 선정하였다. 이처럼 부서를 편성한 의병진은 그해 3월 10일 참모장인 허위의 전략에 따라 먼저 김산군 금릉에 있는 무기고를 습격하여 무기를 입수한 후 무장을 갖추었다. 그리고 의병진을 김산과 성주 두 곳에 나누어 설치하고 무장 세력의 강화를 위해 인근 지역에 격문을 발하여 의병을 모집했다.

당시 이기찬 부대는 서울과 부산을 연결할 수 있는 요새인 추풍령을 거점으로 삼았는데, 규모는 물론 기세도 등등했다. 이기찬 부대는 추풍령과 합천 지방을 장악하고 서울과 부산을 대구·김천 선에서 차단하기 위해 대구로 진격하기로 작전계획을 세웠다. 하지만 사전에 정보를 입수한 대구의 관군이 미처 전투태세를 갖추지 못한 성주와 김산의 의병부대를 급습한 뒤 이기찬 의병부대까지 공격하였다. 이때 이은찬과 조동호 등이 포로가 되

6　상주의 유생 이기찬(李起燦)은 안동에 의진이 결성될 무렵, 허위를 찾아가 의병을 일으킬 것을 협의하고 의진을 만들었다. 이때 허위는 이미 김산(金山 : 현재의 김천)과 구성(龜城 : 영주의 옛 이름)지역에서 의병을 규합하고 있었다. 이기찬은 이들과 합세하여 1896년 2월 11일에 군사적 요충지인 김산으로 들어가 의병근거지로 삼고 이들 의병부대를 '김산의진(金山義陣)'이라 하였다.

고 많은 희생자가 발생했다.

 하지만 이기찬은 이에 굴하지 않고 패퇴했던 의병 중 포군 1 백여 명과 유생 70~80여 명을 다시 집결시켜 상주와 김산의 동지들과 함께 직지사에서 의병을 재편성했다. 1896년 4월 11일 다시 대장으로 추대된 이기찬은 군문도총(軍門都總) 조동석, 참모장 허위, 서기 여영소와 이시좌, 중군장 양제안, 선봉장 윤홍채 등으로 의병부대를 재정비한 후 김천·대구로 출동하여 왜군과 맞서 싸우다 일본군에 체포되었다. 이후 허위 휘하의 의병진은 고종의 선유밀서(宣諭密書)를 받고 해산하고, 이기찬 의병진 또한 조동석이 대신 대장 직책을 맡았다가 얼마 후 자진 해산하였다.

 김산의진이 해산된 후 양제안은 의암(毅菴) 유인석(柳麟錫)이 이끄는 호서의진(湖西義陣)에 합세하여 활동하다가 호서의진이 패한 후 지례의 수도사로 돌아왔다가 관군의 추격을 피해 선산, 도평, 구미, 인동을 거쳐 1897년 영일군 죽장면 두마리(斗麻里)에 은거하였다. 그가 은거한 두마리는 첩첩산중이라 『성지비결』에 병화를 피할 수 있는 곳 중 하나로 알려진 곳이다. 이곳에 은거한 양제안은 과학적인 발명에 탁월한 재능을 보였다. 특히 그는 조각수(彫刻手)라 불릴 정도로 손재주가 있었다. 장남인 양한기(梁漢紀)와 함께 수륜기(水輪機)[7]를 제작하여 수전(水田)을 경작하기도 하고 신식직조기와 일영시계(日影時計)를 제작하여 설치하기도 하였다. 한편으로 양제안은 계몽운동에도 힘을 기울여이 마을에 학교를 세우고 보국안민지책(輔國安民之策)에 입각한기술교육을 하기도 하였다.

그 후 양제안은 1905년 국권 회복을 위한 국채보상운동을 벌였고, 을사늑약 후 전국적으로 의병이 재기하자 홍주에서 창의한 민종식 의병진에 참여하였다. 1906년 정용기(鄭鏞基)를 중심으로 포항 죽장·영천 일원에서 산남의진(山南義陣)이 결성될 때거주지가 있던 죽장면 두마(斗麻)로 돌아와 산남의진에 참여하여상주·선산지방의 책임자로 활동하면서 덕유산을 중심으로 우로는 문태수(文泰洙)와 연결하여 지리산을 장악하고, 좌로는 이강년과 연결하여 조령·태백산·소백산 일대를 장악하는 유격전을구상하기도 했다. 특히 산남의진 말기에는 백산 우재룡과 함께팔공산 일대에서 유격전을 전개함으로써 탁월한 병술을 발휘했다.

---

7   이 기계는 강이나 개울에 흐르는 물의 수압을 이용하여 고지대에 물을 댈 수 있도록
     원통을 만든 것이라고 한다.

[포항 출신 독립운동가 양제안 일기]

산남의진에서 혁혁한 활동을 한 양제안은 1910년 8월 국권 상실과 더불어 가족들을 데리고 만주로 망명하였다. 이후 만주에서 전개된 양제안의 국권회복운동은 만주와 국내를 연결하는 중개자의 역할이었다. 당시 만주의 독립군기지 건설은 국내의 인적·물적 지원으로 전개된 것으로 양제안의 활동과 역할이 매우 컸다. 양제안은 과거 진천기군·김산의진·홍주의진·산남의진에서 관계를 맺고 있던 의병 출신들을 인적 자원으로 동원했다. 그 결과 1910년대 경상도를 중심으로 결성된 무력적 항일 독립운동단체인 풍기의 광복단과 대구에서 결성된 대한광복회의 기반을 조성할 수 있었다. 진천기군에 참여한 88인의 결의형제 중 주목되는 것은 상주·선산지역의 인사들이다. 이들은 일찍부터 양제안과 깊은 관계를 맺고 있던 유생들로 그중에는 허위도 포함되었다. 이리하여 허위와 양제안은 상주·선산지방의 유생들을 폭넓게 연결하여 척양척왜의 기반을 구축하였다.

1915년 7월 양제안은 풍기에서 조직된 대한광복단에 경주의 박상진, 산남의진 출신 우재룡·권영만 등과 같이 합류하였다. 이때 대한광복단의 이름이 대한광복단에서 '광복회(光復會)'로 바뀌었다.

양제안의 장남인 양한기(梁漢紀)는 아버지를 따라 1897년경 포항 죽장 두마리로 왔다. 아버지가 산남의진에 참여하자 군자금을 조달했고,

서양총을 구입하여 제공했으며, 의병들을 훈련하는 일을 맡다가 양제안이 의병을 자원하자 함께 의병에 참여하여 활동했다. 1911년 4월에는 아버지와 같이 죽장면 두마리에 독립사상 고취를 목적으로 사립학교를 설립하여 후세들에게 독립정신을 함양하는데 이바지하였을 뿐 아니라 동생 양한위(梁漢緯) 등의 독립운동에 군자금 등을 지원한 사실이 확인되어 1990년 건국훈장 애국장을 추서 받았다. 그는 두마리에 아버지와 함께 살면서 자동물시계(璇璣玉衡), 직조기(織造機, 무늬를 놓을 수 있는 직조기)를 비롯한 수백 가지의 기계들을 발명하여 고종황제로부터 '동양이 생긴 후 처음 난 천재'라는 칭찬을 받았다고 한다.

양제안은 1929년 5월 25일 죽장 두마에서 사망하였고, 양한기 역시 해방 후인 1946년 2월 25일 죽장 두마에서 사망하였다. 죽장 사람들은 아직도 양제안과 양한기 부자에 관해 이야기하고 있다. 양한기는 손재주가 좋아 아직도 그를 '양공수(梁工手)'로 기억하고 있다. 특히 죽장 두마에 지은 지 400여 년 된 상여집이 현존하는데, 양한기가 한차례 중수(重修)한 것이라고 한다.

양제안의 차남인 양한위(梁漢緯)도 1919년 이래 독립운동에 투신해 일본관공서 폭파, 군자금 모집 등의 활동을 하다 체포되어 징역 3년 형을 선고받았다. 그에게는 1990년 애국장이 추서되었다.

이처럼 삼부자가 모두 독립운동에 가담하여 활동한 집안은 찾아보기가 힘들다. 특히 채기중(蔡基中) 의사의 외동딸 채윤희(蔡允姬)는 양제안의 넷째 며느리다. 채기중은 광복단원 경상도지부장을 하였고, 1917년 11월 10일 경상도관찰사 장승원(張承遠) 살해를 기도하고 강창순, 임봉주, 강순필을 보내어 그를 살해하였으며, 1918년 상해로 망명하려다 체포되어 서대문형무소에서 사형된 인물이다. 양제안과 조현욱(趙炫郁) 의사는 사형(舍兄)간이다. 조현욱 의사는 1919년 3월 26일 경북 청송군 현서면의 독립 만세시위를 주도하다가 체포되어 징역 2년형을 받아 복역한 후 세상을 비관하고 마을 입구에 있는 가마소(釜淵)에서 투신 순국한 인물이다. 또 양제안과 이응수(李応洙) 의사와는 종동서간이다. 이응수 의사는 1921년 신태식, 김찬규 등과 더불어 임시정부 후원단체인 의용단(義勇団)을 조직해 경북도단 총무국장의 임무를 맡아 군자금 모금 운동을 하다 체포되어 2년 징역형을 받아 옥고를 치른 사람이다. 이처럼 양제안 집안은 그야말로 포항 출신 독립운동 명문가 집안이었다. 이들의 묘소는 포항시 북구 죽장면 두마리 언덕 위에 있다.

흥해 관아가 의병들에게 점령당하다.

1896년 5월 5일 단오절에 포항 기계면 인비역(仁庇驛) 앞에서 결성된 의진(義陣)을 일부 기록에서는 '경주의진(慶州義陣)'으로 소개되어 있다. 하지만 이는 '영일의진(迎日義陣)'으로 명명해야 옳다. 오늘날 포항시 북구 기계면이 당시에는 경주군의 관할[8]에 있었으므로 '경주의진'으로 명명되었던 것이다.

영일의진은 조선 후기의 최대 의병진인 김하락(金河洛)[9] 의병장과 관련이 깊다. 김하락은 1895년 11월 15일 단발령이 내려지자 그 이튿날 구연영·김태원·조성학 등과 함께 서울을 탈출하여 광주, 이천, 여주에서 의병을 모아 남한산성을 점령하고 항전하다가 박준영과 김귀성의 변절로 실패한 후 50명의 의병을 이끌고 남쪽으로 향하였다. 김하락은 경상북도 쪽으로 내려오다 의성의 김상종 의병과 합류하여 1896년 3월 27일 의흥전투, 4월 1일 청송 안덕전투, 4월 8일부터 13일까지 의성 비봉산과 황학산전투를 치르고 의성진영과 헤어진 후 남하를 계속하였다. 청송 안덕을 거쳐 1896년 5월 5일(양력 6월 15일) 단오절에 경주 북쪽에 있는 기계 인비역(仁庇驛)[10]에 도착하였다. 그날 역 광장

---

8   조선 전기 현재의 포항시 북구 신광·기계·죽장면은 경주부의 임내(任內)로 있다가 1789년부터 조선 후기까지 경주군의 행정구역에 편입되었다. 대한제국 시대인 1906년부터 신광·기계면은 흥해군에, 죽장면은 청하군에 편입되었다.

9   경북 의성(義城) 교촌 출신인 김하락은 1896년 경기의병진의 도지휘(都指揮) 및 군사(軍師)로서 광주(廣州) 장항전투(獐項戰鬪)에서 일본군 100여 명을 사살하고 이어 남한산성에 포진(布陣)하여 일본군을 물리쳤다. 마침내 의병장이 되어 안동, 의성 등지에서 10여 차례에 걸쳐 격전을 치르다가 영덕에서 분전(奮戰) 순국한 사람으로 전기 의병기의 본보기가 되는 사람이다.

10   현재 포항시 북구 기계면 인비리이다.

에서 평소에 그의 활동에 대하여 소식을 듣고 있던 영일지역(구 경주군 관할의 기계·신광)의 유림 김병문·이시민·서두표·박승교 등이 연합의진을 제의하자, 이들의 제의를 수락하고 이들과 경주연합의진을 결성했다.

그동안 보현산 기슭의 화목(和睦)에서는 세 번이나 주둔했지만, 비봉산의 수정사전투와 청송 안덕의 무당산(성황산)전투는 피차간에 많은 사상자를 낸 혈전이었다. 단발령이 철회되고 김홍집·어윤중 등 친일내각은 물러났다. 그러나 갑오년(1894)에 동학군 토벌을 핑계로 들어온 왜군이 전국 곳곳에 있었으니 그들까지 쫓아내기 전에는 의병을 해산할 수 없다는 것이 김하락의 생각이었다. 그래서 그는 경기 남한산성에서 경북 청송 일대까지 내려오면서 계속해 전투를 벌였다. 김하락이 남한산성에서 참패하고 떠날 때 "영남에는 의사가 많으니 산남(山南)[11]으로 가자"라고 휘하 의병들을 달래면서 남하했다고 한다. 과연 김하락이 포항 기계 인비역에 도착하니 영일 지방의 유생들인 김병문(金炳文)·이시민(李時敏)·서두표(徐斗杓)·박승교(朴承敎) 등이 찾아왔다. 그들은 김하락에게 자신들도 의병진을 결성하여 같이 싸

11 산남이란 문경새재 이남을 말하는 것으로 교남(嶠南) 또는 영남(嶺南)과 같은 말이다.

울 것이라고 했다. 그렇게 결성된 것이 영일의진[12]이다. 이날 기계 인비 현지에서 결성된 의진의 명단은 다음과 같다.

경주도소모장(慶州都召募將) : 이채구(李采久)

참모장(參謀長) : 이준구(李俊久), 이종흡(李鍾翕), 장상홍(張相弘),

　　　　　　　　이우정(李寓禎), 이승교(李承敎)

좌선봉장(左先鋒將) : 서두표(徐斗杓)

우선봉장(右先鋒將) : 홍병태(洪秉泰)

좌익장(左翼將) : 안옥희(安玉熙)

우익장(右翼將) : 안재학(安載學)

중군장(中軍將) : 이익화(李益和)

후군장(後軍將) : 김두병(金斗柄)

좌봉장(左鋒將) : 이용관(李容觀)

우봉장(右鋒將) : 이용태(李容泰)

좌포장(左砲將) : 황성학(黃性學)

12　영일·김하락 연합의진, 또는 경주연합의진이라도고 한다. 김하락 의병장의 『진중일기(陣中日記)』에 적혀있는 일련의 전투 상황과 청송의진의 활동과 그 주변 군현에서 조직되어 활동하고 있던 여러 의병진의 관계를 구체적으로 파악할 수 있는 창의장 심성지(沈誠之)의 『적원일기(赤猿日記)』는 경주의진으로 명명된 영일의진과 감하락 의진이 연합전선을 구축하여 경주에서 영해까지 의병항쟁을 벌였음을 명백히 밝혀주는 사료(史料)이다.

우포장(右砲將) : 이시민(李時敏)

영솔장(領率將) : 김병문(金炳文)

이때 의진 결성에 참여한 도소모장 이채구[13]는 포항 신광면 우각동에서 태어났다. 김하락 의진이 기계 인비에 도착하였을 때 이채구는 영일과 경주 일대의 의병들을 모아 달려가 "사직을 보존하기 위하여 우선 경주를 치자, 경주는 연변 7읍의 웅도(雄都)이며 대구의 인후(咽喉)이니 이를 점거하면 영남 각 고을의 의사들이 하루가 지나지 않아서 호응하여 봉기할 것이다."하였다. 이에 김하락이 수병(手兵) 500명을 이채구에게 나눠 주고 그를 선봉장으로 삼았다. 이채구가 군기(軍旗)에 '국모 복수를 위하여'라고 적고 경주성 북문을 공격하니 일본군들이 도주하였다.

이채구는 그 후 청송전투에서 승리했으나 영덕전투에서 의병장 김하락이 전사하였으므로 의병진을 해산하고 포항 신광면 우각으로 돌아온 후 비학산 아래 은거하며 사망 때까지 세상에 나오지 않았다.

영일의진 참모장 장상홍[14]의 출신지는 포항 흥해읍 초곡리(사

---

13 이채구는 자가 덕오(德五)이고 호가 정일(貞一)이며 본관이 여주이다. 회재(晦齋)의 후손으로 오의당(五宜堂) 이의온의 10세손이다.

14 장상홍의 자(字)는 보경(輔卿), 호(号)는 일민(逸民)이다.

일)이다. 1894년 6월 세금을 늑탈한 향임(鄕任)과 둔감(屯監) 등 7명의 집을 불태우고 인근 망창산에서 군민들을 모아 여론을 수렴하였다. 그는 읍폐(邑弊) 8건을 기록하여 공형(公兄)[15]인 진홍(晉弘)[16]으로 하여금 관가에 알리게 하고 문서에 도장을 찍게 한 후 뺏은 돈을 군내 8개 면(面)에 골고루 나누어 주기도 했다.[17]

위와 같은 사건이 있고 그 이듬해(1895) 명성황후 시해와 단발령이 강제로 단행되자 장상홍은 같은 흥해 출신인 최세윤·정래의 등과 함께 의병 수백 명을 모집하여 김도화 의병장이 이끄는 안동의진에 합류하여 참모가 되었다. 다음 해(1896) 1월 16일 상주 함창에 주둔한 일본군 병참대[18]를 공격하는 데 가담하였고, 또 의성의 의흥전투, 청송의 안덕전투, 의성의 비봉산·황학산전투에도 참전하였다. 1896년 단오날 기계 인비에서 영일의진과

---

15 조선시대에 각 고을의 호장(戶長)·이방(吏房)·수형리의 3관속을 이르는 말.

16 진홍(晉弘)의 자는 수옹(壽翁)이고 호는 초계(草溪)이다.

17 이런 사실은 규장각 한국학연구원에 보관된 개항기 공문편안(公文編案)의 기록에서도 찾을 수 있다. 즉 동래부관찰사가 탁지부(度支部)에 보낸 보고서에 '흥해(興海)겸임 울산군수(蔚山郡守)인 안종식(安鍾息)이 보고하기를, 장상홍(張相弘)이란 자가 애초에는 민간 소요사태(民擾)의 수괴(首魁)로 법을 피해 도망 다니다가 이제 장기련(張基鍊)으로 이름을 바꾸고 흥해·경주 둔감(屯監)으로 파견된 것처럼 도모하고 있기에 격식을 갖추어(具格) 엄중하게 잡아 가두었다고 하니, 우선 그를 울산군으로 옮겨 가두고 법부(法部)에 보고하였으며, 그가 지니고 있던 탁지부(度支部) 훈령(訓令) 양도(兩度)와 전령(傳令) 일도(一度)를 첨부하여 보고하니 이 공문을 조사하시기 바란다'라고 되어 있다.

18 갑오년(1894)에 동학군 토벌을 핑계로 들어온 왜군이 전국에 '병참대'라는 이름으로 배치되어 있었다.

김하락 의진의 연합의진 결성 시 이준구, 이종흡, 이우정, 박승교와 함께 연합의진 참모로 임명된 후 여러 차례 전투에 참여하였다.[19] 그 후 조정에서 파견된 선유사들의 설득에 따라 의병이 해산되자 향리로 돌아와 은거하다가 병을 얻어 1910년 7월 24일 포항 신진(新津) 본가 산막에서 서거하였다.

영일의진에서 또 다른 참모장을 맡은 이우정은 흥해 사람이라는 것 외에 더 밝혀진 자료가 없다. 같은 참모장 이준구(李俊久)는 포항 기계 오덕(吾德)[20] 사람으로 1896년 5월 김하락 의병진에 입진하여 참모 및 흥해군 동하면(東下面) 소모장(召募將)으로 활동하다가 영덕전투에서 패전하고 의진이 해체되자 귀가하였다. 1907년 4월 정용기 의병장이 산남의진을 거병하자 그는 형 이한구(李韓久)와 함께 참전하고 군자금 등으로 후원(後援)하다가 1910년 체포되어 경성 감옥에서 옥고 중 탈옥(脫獄)을 하였다.

영일의진의 초창기 참모장을 맡은 이종흡[21]은 이수응의 아들

---

19 흥해 출신의 장상홍과 이우정은 원래 최세윤 의병장을 따라 안동으로 진군하여 그곳 김도화 의진에 편입되어 상주 함창에 주둔한 일본군을 공격한 후 최세윤과 정래의(鄭來儀)는 영양 일월산으로 들어가 김도현 의진과 합세하고, 장상홍과 이우정은 1896년 5월 단오날 기계 인비역에 도착한 김하락을 찾아가 영일의진 결성에 참여한 것이다. 김하락의 『진중일기(陣中日記)』에는 '그들이 의기를 숭상하여 발을 싸매고 왔다'라고 기록하고 있다.

20 현재의 포항시 북구 기북면 오덕리

21 이종흡의 본관은 경주(慶州), 자는 중순(仲純)이다. 1861년에 포항시 북구 기계면에서 태어났다. 1896년 의병들을 규합, 경주의진(慶州義陳=영일의진)을 결성하여 참모장으로 활약하였다. 경주 일대에서 일본군을 상대로 많은 전공을 세웠으나 동해안

로 포항 기계면 현내리에서 태어났다. 영일의진에 참여한 후 김하락 의병장과 연합전선을 구축한 후 여러 차례 전투를 치렀다.

영일의진의 중군장 이익화, 좌봉장 이용관은 울산, 그 외의 의사들은 기계·신광·죽장·안강·강동 출신이다. 그러므로 영일의진은 오늘날 포항시의 서부지방(당시 경주 북부지방)의 인사들이 주축이 되었다.

영일의진이 결성된 때에는 선유사(宣諭使)들의 해산 설득에 따라 전국적으로 의병을 해산할 시기였으므로 이때 의병들의 주 공격대상은 진위군(鎭衛軍)이었다. 진위군이란 고종대의 군제개편에 따라 새롭게 편성된 정부군(官軍)을 말한다. 이 당시 일본군은 갑오년(1894)에 동학군 토벌을 핑계로 들어와 전국 곳곳에 주둔하면서 배후에서 정부군을 조종하고 있었다.

1896년 5월 7일, 영일·김하락 연합의진은 안강 들판으로 나아가 조성학을 선봉장으로 임명하여 경주성을 공격하였다. 당시 경주군수는 을미개혁으로 부윤에서 군수로 바뀐 뒤 첫 번째 군수인 이현주(李玄澍)였다. 그는 중군 윤흥순(尹興淳)과 함께 의병에 맞섰으나 참패하고 달아나 경주는 의병이 지배하게 되었다.

전투에서 패전을 거듭한 끝에 의진을 해산하였다. 이후 고향에 은신하며 비밀리에 구국활동을 벌이다가 말년에는 후학 양성에 전념하였다. 경상북도 포항시 북구 기계면 현내리 도로변에 이종흡창의비(李鍾翕倡義碑)가 건립되어 있다. 1990년에 건국훈장 애족장을 추서받았다. [네이버 지식백과] 이종흡 [李鍾翕] (두산백과)

의병은 인이청(人吏廳)에 본부를 두고 사대문(四大門) 외에도 28 개의 옹성에서 성을 지켰다. 그리고 전투 중에 불탄 집에는 1만 냥의 복구비를 주는 등 의병답지 않은 여유도 보였다. 8일에는 이준구(李俊久)를 흥해 동하면(東下面) 소모장(召募將), 이종흡(李鍾翕)을 기계면(杞溪面) 소모장, 김병문(金炳文)을 죽장면(竹長面) 소모장으로 삼아 의병을 더 모집하고, 유격대를 조직하여 싸웠다. 5월 10일 달아났던 경주군수가 안강에 주둔하고 있던 안동친위대와 대구의 일군수비대의 지원을 받으며 반격해 왔다. 3일간 싸웠는데, 이번에는 의병들이 패전하여 경주성을 관군에게 내어주었다.

영일의진은 1896년 5월 12일 경주성 동문으로 퇴각하여 기계 달성(達城)을 거쳐 기계 면창(面倉)에서 유숙하고 14일 오전 8시에 기계 소모장 이종흡과 합류하여 신광 우각으로 후퇴하였다. 이곳에서 이준구 소모장과도 만나 대오(隊伍)를 정비하였다. 1896년 5월 15일에는 동해안의 중심지방인 흥해군을 공격하여 점령하였다. 흥해군 인이청(人吏廳)에 진영을 두고 호장(戶長)·수리(首吏)·수교(首校)들을 불러 피하지 말고 시키는 대로 할 것을 명령하였다. 16일, 흥해군 무기고에 들어가 탄약을 준비하고 2개 부대의 군사를 모집하였다. 양만춘(楊万春)을 포군 영솔자로 삼고 석양에 행군하여 5리 밖 흥해 용전(龍田)에 도착했다. 큰비가 갑자기 쏟아졌다. 어둠 속에 비를 무릅쓰고 청하(淸河)를 장악한 후 읍으로 달려가서 진지를 정하였다. 1896년 5월 19일 오후에 청송진과 합세한 후 행군하여 영덕(盈德) 장사동(長沙洞)에 이르러 진이 머물렀다. 1896년 5월 22일, 영덕읍을 점령하고 장교청(將校廳)에 진영을 마련하였다. 그때 영덕 의병장이 와서 인사를 했는데, 성은 신(申)씨였다.[22] 그의 도움으로 영덕현에서 의병 100명을 더 모집하였다.[23]

한편 이채구·이준구·홍병태는 영해로 진격하였다. 영해는 일찍이 이수악(李壽岳) 의병이 일어났던 곳이었으므로 무리 없이 점령하였다. 그리고 김하락의 본대(本隊)는 축산(丑山)에, 이상태·이종흡·장상홍은 청하에, 황성학·안만근은 흥해에 진주하며 군정을 폈다.[24]

---

22 영덕 신운석 의병장을 말한다.

23 김하락, 『진중일기(陣中日記)』

24 1896년 청송 지역에서 일어난 의병장 심성지(沈誠之)의 창의 일기인 『적원일기(赤猿日記)』에 의하면, 이 무렵에 청송의진이 김하락 의진을 비롯한 흥해·영덕·안동의 진과 연합하고 서로 척후를 파견하거나 사통을 주고받으며 협조체제를 형성하고 있었다고 한다. 특히 5월 9일(음3.27) 흥해에 출진소(出陣所)를 설치하고 군사를 모집하기 위해 도총 남승철, 선봉 홍병태, 우방장 윤정우로 하여금 포정(砲丁) 4초(1哨는 약 70여 명)를 흥해로 파견하였다. 흥해 출진소는 흥해지역에서 모집 활동을 벌이는 한편 관군에 대응하며 본부로 첩보를 보내는 등의 일을 맡았다. 당시 사료들로 볼때, 강원도 평해부터 고성(高城)까지는 민용호 의병장이 점령하고 있었다고 한다. 고성에서 연일(延日)까지의 동해안은 의병의 천하가 되었다. 이 때문에 이 당시는 어느 곳에서도 일본 상선이 범접하지 못했다.

開國五百五年丙申六月初五日巳晴　陽曆七月十五日水

卿金明圭　卽申弼熙任

丞一員未差　李吉夏入直

沈相萬　韓相鶴不進

沈理燮未受牒

上駐俄國公使館　大行王后初喪　宮內府大臣李載純典醫

司副長申泰茄　葵日伏未審日間　聖體若何　寢睡水剌之節何

如臣等率諸　御醫趙早入　診詳察　聖候爲宜　王太后陛下

氣候何如　王太子殿下氣候何如　王太子妃殿下氣候何如臣等

不任區區伏應敢來問　安丞此仰　稟　荅曰知道　王太后氣候

一樣王太子王太子妃氣度支過卿等不必入侍矣　經筵院侍讀朴

勝穆駐劉美國公使館二等叅書官朴鎔奎吉川郡守金河璉洪

原郡守沈宜瑢樂安郡守張教駿內部主事李益采依願免本

官利川郡守南廷綺竹山郡守李命夏興海郡守尹榮夔叅尉金

思根免本官　徐來淳任　宗廟署令南啓錫任奉常司主事安鍾

和任　經筵院侍讀金恩範任　溫陵叅奉李鳳魯任內閣記錄

『승정원일기』 흥해 군수 윤영기(尹榮夔)를 면직하였다는 고종 33년 병신(1896) 6월 5일 기록

김하락의 동해안 연합의병은 1896년 음력 6월 3일 대구에서 증파된 일본군과 합세한 부대의 반격을 받았다. 이에 맞서 각처의 의병들이 모두 합세하여 영덕 오십천에서 대혈전을 벌였다. 그러나 의병들의 화승총으로는 신식 군대를 당해낼 수 없었다. 6월 4일(양력 7월 14일) 끝내 패전하고 김하락·홍병태 등 수많은 의사가 순국하였다. 살아남은 의병은 모두 산골로 들어가 후일을 기약하였고, 10년 뒤 을사늑약 이후 이들은 국권 회복을 위한 포항·영천지역의 후기(後期) 의병조직인 산남의진(山南義陣)으로 다시 일어나게 되었다. 산남의진에서 중요한 역할을 한 구한서, 정래의, 이순창, 이준구 등이 모두 전기의병(前期義兵) 출신들이다. 또 홍병태의 아들 홍구섭, 김대락의 아들 김진영은 대를 이어 의병 활동을 부활시킨 사람들이다.

명성황후시해사건과 단발령 발령 이후 포항을 비롯한 영일권 동해안 일대는 온통 의병 진영으로 가득 찼다. 흥해군수 윤영기 (尹榮夔)가 의병진압을 제대로 하지 못했다는 이유로 1896년 음력 6월 5일 해임된 사례는 당시 이 지역의 의병 활동이 얼마나 치열했던가를 엿볼 수 있게 한다.[25]

---

25 동래부 관찰사 지양영(池錫永)은 1896년 7월 15(음력 6월 5일)일 내부대신 박정양 에게 의병 활동을 막지 못한 흥해군수 윤영기의 해임을 건의했고, 보고를 받은 박정 양은 인사권자인 내각총리대신 윤용선에게 이를 상신 했다. 총리대신의 보고를 접한 고종은 이 날짜로 흥해 군수 윤영기를 해임해버렸다. 이런 일련의 문건들이 『각사등

포항 청하의 김진규(金鎭奎) 의진 등 기타 전기의병

[청하 김진규 의진]

1895년 명성황후시해사건에 이어 단발령이 내려지자 올곧은 선비들은 당대의 위기상황을 타개할 유림의 행동지침으로 처변삼사(處変三事)를 제시했다. 의병을 일으켜 왜적을 소탕하자는 거의소청(擧義掃淸), 국외로 망명해 대의를 지키자는 거지수구(去之守旧), 의리를 간직한 채 목숨을 다하자는 자정치명(自靖致命)이 바로 그것이다. 공론이 거의소청으로 모이자 지역 유림은 이를 의병을 일으키는 명분으로 삼았다.

을미년 명성황후시해사건 때 포항 청하지역에서 창의한 김진규(金鎭奎)[26] 의사도 거의소청을 명분으로 들고 나섰다. 의금부도사를 지낸 김진규는 비분강개하여 곳곳에서 의병을 일으킬 때 1896년 3월 청하지역 창의대장으로 추대되었다. 중군장에는 청계리 출신 이순창(李淳昌), 소모장에는 이창모(李昌模), 소모군자감에는 이도상(李燾相), 참모장(서기)에는 이기철(李基轍)이 각각

록』과 『승정원일기』에 기록되어 전한다.

26 김진규의 호는 묵재(默齋), 택호는 막실(幕室 : 기북면 용기1리를 말한다)이라 불렀다. 그는 1834년 3월 29일 청하면 소동리에서 태어나 1913년 12월 8일 서거했다. 의성김씨 30세손으로서 청하면 필화리 서포(西圃) 이백(李柏) 선생의 서당에 나아가 학문을 닦았다.

선발되어 출진을 준비했다. 주도적으로 참여한 사람들은 대부분 청하 필화리에서 서당을 운영하는 서포(西圃) 이백(李柏) 선생의 문하생들이었다.

이순창[27]은 1840년 3월 15일 청하 청계리에서 출생하였다. 이창모[28]는 문한공(文閒公) 이감(戡)의 후손이고 서포 이백(李柏)의 아들이다. 이도상[29]은 김진규의 사위로 청하면 필화리에서 출생하였다. 그는 서포선생에 이어 서당 훈장을 지낸 분이다. 이기철[30] 역시 청하면 필화리에서 태어났다. 그와 이창모와는 4촌 형제지간이다.

군대를 조직하고 군수품을 모아 진용이 정비되자 이들은 청하 옛재(六峴)에서 진위군과 전투를 치르기로 했다. 하지만 1896년 10월에 이르자 고종은 칙령으로 의병해산 명령을 내렸다. 중앙 군대가 내려와 의병해산을 권하자 김진규는 공손히 그의 처분에 따랐다.

그 후 1906년 영남지역에서 산남의진(山南義陳)이 발진하여 다시 기회가 왔으나 김진규는 이미 73세의 노령이라 포기하였

---

27 이순창의 자는 성문, 호는 삼성재, 본관은 청안이다.

28 이창모의 자는 현가(顯可)이고 본관은 영천이다.

29 이도상의 자는 극수, 호는 월오, 본관은 영천이다. 문한당(文閒堂) 이감(戡)의 후손이고 노봉(老峯) 이한춘(李漢春)의 아들이다.

30 이기철의 자는 순일, 호는 양죽당, 본관은 영천이다.

고, 중군장이었던 이순창만 참여하여 많은 무공을 남기게 된다.
수년 후 나라는 멸망하였고, 일본 헌병들이 우국 열사들을 수색
탄압하기 시작하였다. 이때 포항 청하면 청계에 있던 서포정(西
圃亭)도 불에 타고 말았다. 다행히 마을 사람들이 숨어 있다가 재
빨리 진화하여 전소되는 것을 막았다 한다. 김진규 역시 일본 순
사들의 감시가 극심하여 부자(父子)가 인근 용산으로, 구봉산으
로, 나중에는 죽장면의 가사리 산속으로 들어가 숨어 살기를 여
러 해, 그사이에 가세가 몰락하다시피 되어버렸다. 일본 헌병들
이 그의 집에 불을 지르기 위해 두 번이나 찾아왔으나 그때마다
비가 내려 근근이 보존되었다. 만년(晩年)을 나라 잃은 서러움 속
에서 쓸쓸히 보내다가 80세에 타계했다. 사후 김진규는 서포정
이 있던 청계마을이 멀리 바라다보이는 가라재(加羅峴) 중턱에
묻혀 오늘에 이른다.

[기타 전기의병]

포항·영일지역의 전기의병으로 장기의 장헌문 의진, 연일의
신태주, 죽장의 윤면익, 흥해의 이하정 등도 빼놓을 수 없다.

장기의병장 장헌문(蔣憲文)은 명성황후 시해와 단발령을 계기
로 을미의병이 전국적으로 봉기할 무렵인 1896년 영일 장기에
서 1차 거의(擧義)를 하여 항일투쟁을 개시하였다 해산했다. 그

구성원 중 다수는 의성지역 신면형(申冕瀅)[31] 반동학군에 가담하였던 포항 장기출신 정치익(鄭致翼) 인솔 의병 200여 명이 근간이 되었고, 여기에 장헌문이 모집한 100여 명이 합세하여 약 300명의 규모가 되었다. 이들은 전기의병에 가담하였다가 을사늑약 후인 1906년 다시 장기의진을 결성하여 이들이 중·후기 장기의진의 주류가 되었다.

신태주(申泰周)[32]는 포항시 남구 대잠동 논곡(論谷)에서 태어났다. 명성황후시해사건이 있고 난 뒤 각처에서 의병이 일어나자 신태주는 안동 의병장 권세연과 관동창의사 민용호로부터 연락을 받고 흥해에서 기병한 후 의병 300여 명을 모았다. 신태주는 안동창의소에 합세하기 위해 기계·죽장을 거쳐 청송을 경유하는 도중에 일본군과 격돌하여 승리하고, 안동의진과 합세한 후

---

31 신면형(申冕瀅, 1832~1908)은 어렸을 때 총명하고 덕이 있었으며, 성장함에 따라 고을의 사람들이 명망 있음을 칭송하였으나, 과거에 뜻을 버리고 중년에 오목(梧木, 현 경상북도 의성군 춘산면 오목리)으로 이주하여 학문 연구와 후진 양성에 주력하였다. 1894년(고종 31) 동학 농민 운동이 일어나자 향리에서 민보군(民堡軍)을 이끌었다. 의성 지역은 1894년 8월 농민군에 의해 점령되었으며, 의성의 전직 관료와 유생들이 민보군을 결성하여 이에 항거하였다. 그는 이때 격문을 돌리고 향리의 장정들을 모아 민보군을 결성하여 농민군들로부터 의성군 춘산면 일대를 방어하였으며, 포항 장기현(長鬐縣)에서 장정들을 이끌고 온 정치익(鄭致益)과 합류하였다. 이후 전열을 갖추어, 영남 지역에서의 활동이 미약했던 농민군을 퇴각시키는 데 공을 세웠다. 이 공으로 1902년(광무 6) 통정대부(通政大夫) 부호군(副護軍)에 제수되었다. 말년에는 시세가 난국이라 하여 고향에서 은둔하였다. [네이버 지식백과] 신면형 [申冕瀅] (한국향토문화전자대전)

32 신태주의 자는 성순, 호는 대산, 본관은 평산으로 철종 갑인년(1854년)에 출생했다.

안동·봉화·영양 등지에서 진위군과 싸워 많은 전과를 남겼다. 그 후 강원도 창의사 서상열 의진과 합세하여 상경하던 중 양천 전투에서 대패하여 많은 사상자를 내기도 했다. 신태주는 패잔병을 다시 모아 귀향한 후 해산하고 두문불출하였다. 나라가 망하자 그는 장기간 단식하다 운명하였다.

포항 죽장면 출신 윤면익(尹冕翼)[33]은 고려 말기 문충공(文忠公) 윤승례(尹承礼)의 후손으로 원래는 영덕에서 살았다. 을미년 명성황후시해사건 때 달산 주응을 중심으로 거병하여 고종황제의 의병해산 칙명에도 불구하고 해산하지 않은 채 포항 죽장, 영덕 달산 등지에서 진위군과 항전하였다. 전세가 기울자 영덕의 신운석(申運錫) 의진과 같이 진위군을 상대하여 싸우다 영덕현 북쪽 강적(江磧)에서 순국하였다. 향년 57세였다.

흥해의 이하정(李厦楨)[34]은 별감좌수를 지내다가 을미년 명성황후시해사건 때 울분을 참지 못하고 동지 김송몽(金松夢), 정천여(鄭千汝), 서초간(徐初干), 김인수(金仁守) 등과 의병을 모집, 훈련 중에 고종황제의 칙명에 의하여 의병 진영을 해산하고 흥해 천곡사 산골짜기에서 은신하다 세상을 떠났다.

---

33 윤면익의 자는 자원이고 호는 둔산, 본관은 파평으로, 헌종 때인 1838년에 태어났다.
34 이하정의 자는 인가, 호는 월봉, 본관은 청안이다.

이처럼 포항지역 전기(前期) 의진들은 독자적인 활동을 하기보다는 원근 각처의 의진들과 서로 연계하면서 명성황후시해사건과 단발령에 따른 유생들과 일반 백성들의 불만을 모아 왜군과 일제의 앞잡이 노릇을 하는 친일세력들에 항거하였다.

영해 동학혁명과 포항사람들

경주에서 동학이 탄생했다면 포항지역은 동학의 첫 포덕지(布德地)였다.[35] 최제우가 깨달음을 얻어 득도한 지역은 경주였지만, 그 깨달음을 주변에 전파한 첫 번째 지역이 바로 포항 일대였다. 특히 포항시 북구 신광면 일대에는 동학의 2대 교주 최시형의 생가터, 그가 소년 시절 한지 공장 직공으로 일하던 터일리(기일리) 올금당 마을이 있다. 또 그가 직접 한지 공장을 차려 운영하였던 마북리와 깨달음을 얻고 인내천(人乃天)을 처음 강론한 검등골도 있다. 그리고 흥해 매산리는 그의 부인 손씨가 살았던 처가 마을이다. 이처럼 포항은 동학의 문화유적이 산재해 있는 곳이다. 따라서 포항은 한국 동학사에 있어서 그 어느 곳보다도 중요한 지역으로 인식되고 있다.

요즘에 들어서 새로운 시각으로 해석되고 있는 영해 동학혁명에 포항사람들이 주도적으로 다수 참여하였다는 사실도 밝혀

---

35 동학의 2대 교주 해월 최시형의 수도와 포덕의 발원지가 바로 포항 북구 신광면 마북리 검등골이었다는 것은 여러 연구에서 확인된다.

지고 있다. 이필제(李弼濟)의 난으로 잘 알려진 영해 동학혁명은 1871년(고종 8) 음력 3월 10일 동학교도인 이필제가 동학 제2대 교주 최시형과 함께 영해에서 봉기한 사건이다. 1863년(철종 14) 동학에 입교한 이필제는 체포되어 처형당하는 1871년 말까지 9년 동안 진천·진주·영해·문경 등지에서 4번에 걸쳐 봉기를 주도하였던 사람이다. 그가 주도한 봉기 중에서도 영해 봉기는 동학사에서 성공한 농민혁명으로 평가된다.

한때 학계에서는 이필제의 영해 봉기를 동학과 관계없는 민란으로 보아왔고, 또한 동학 측에서도 처음에는 최시형이 이필제의 요구를 끝까지 거절한 것으로 기록하였다. 그러나 차츰 동학측의 기본 사료가 발견되면서 최시형과 포항 영일지역 사람들이 주도적으로 이 난에 가담한 사실이 드러나게 되었다.

영해(寧海)는 일찍부터 동학이 전파된 곳으로 교세가 가장 큰 지역 중 한 곳이었다. 영해에 동학이 들어온 것은 최제우 재세 시절인 신유(1861년) 포덕 때 용담으로 직접 찾아온 박하선(朴夏善)의 입도로 비롯되었다. 이듬해 최시형이 포항 신광면 마북리 검등골에서 본격적인 포덕에 나섰을 때 영해 사람으로 이인언(이수용), 박군서, 박사헌, 권일원 등이 최시형의 제자로 입도하면서 영해 쪽 교세가 확장되었다.

『최선생문집도원기서(崔先生文集道源記書)』에는 최시형과 이필제의 첫 만남이 자세히 기록되어 있다. 1870년 10월 최시형이 영양 일월면 윗대치(上竹峴)에 피신해 있을 때 영해의 교인인 이인언이 그곳으로 찾아왔다. 이필제라는 인물이 있는데 그가 최제우의 억울한 순도를 통탄해하니 한번 만나주기를 청한다고 전했지만 응하지 않았다. 이후 이필제의 부탁으로 영해의 교인들인 박군서와 박사헌까지 거듭 해월을 찾아왔지만, 해월은 아직 움직일 때가 아니라며 이필제 만나기를 거부하였다. 그러나 이듬해인 1871년 2월에 다섯 번째로 권일원이 이필제의 부탁을 받고 찾아와 "가부간 한번 만나는 보시고 결정하시라"고 권유하자 할 수 없이 최시형은 영해 우정동의 병풍바위 산중에 있는 박사헌의 집을 찾아가 이필제를 만났다.

직접 만나보고 이필제의 인품과 진정성에 감화된 최시형은 드디어 거사를 허락하였다. 그 후 이필제·최시형 등은 1871년 3월 10일(음) 교조 최제우 순교 원일(寃日)을 영해 봉기일로 정하고, 담당 부서를 정하여 면밀한 계획을 짰다. 이 거사 계획을 듣고 1871년 3월 6일부터 3월 10일까지 모인 인원은 약 5백 명이었다.[36] 참가한 사람들의 출신 지역은 영해·평해·울진·진보·

---

[36] 영해지방의 유생인 남유진이 기록한 『신미아변시일기(辛未衙変時日記)』에는 이때 모인 사람이 5~6백 명이라 하였고 『최선생집도원기서』에는 5백 명이라 하였다.

영양·안동·영덕·청하·흥해·연일·경주 북산중(경주 북쪽 산중)·울산·장기·상주·대구 등지였다.[37] 주로 경북지방과 경남 일부 지방 등 대부분 참여지역이 경상도였다는 사실은 해월이 경상도 일대에서 포덕에 상당 부분 성공하였다는 것을 입증한다. 당시 동학 조직이 있는 곳이라면 이 영해 봉기에 대부분 지역에서 참여하였다.

드디어 1871년 3월 10일, 먼저 이필제는 천제(天祭)를 지낸 뒤 최시형과 더불어 500여 명의 동학군을 이끌고 야반(夜半) 게릴라 작전법으로 영해부 관아를 습격하여 군기고부터 접수하였다. 이튿날인 3월 11일 오전 1시경 수교(首校) 윤석중을 살해하고 병자각(丙子閣)을 불 지르고, 새벽에는 동학교도 김낙균이 부사(府使) 이정(李炡)을 문죄, 처단하였다. 부사 이정은 삼척 부사로 있다가 1870년 봄에 영해 부사로 온 뒤 호화스러운 생활을 하면서 민정을 돌보지 않아 부민들이 도탄에 빠져 있었다. 1871년 3월 10일 창수면 등지에서 고발이 있었으나 무시했고, 또 영양군 수비면 기산에 동학군이 있다는 보고를 받고도 등한시하다가 결국은 변을 당하였다. 동학군은 부사를 살해한 다음 영해부를 점령하고 부중(府中)을 휩쓸고 다니면서 부민(府民)들의 동조

---

37 『교남공적(嶠南公蹟)』에는 경남의 영산과 칠원(漆原, 固城接 산하) 등지에서도 온 것으로 되어있다.

를 유도하다가 다음 날 자진해서 물러났다. 조정은 '이는 어떠한 적도인지 알 수 없다'라며 당황해했으며, 인근 고을의 수령들은 농민들의 봉기에 겁을 먹고 모두 도망쳤다.

1871년 3월 12일 영해 향인(鄕人)들이 부사의 시신을 거두어 장례 준비를 하던 중 봉기군들이 형제봉 밑에 있는 병풍바위 아래 집결해 있는 것을 알게 되었다. 다음날인 13일 종일 큰바람이 불었는데, 향원(鄕員) 등 장정 2백 명과 군졸 500명이 동원되어 이들을 추격하기 시작했다. 15일에는 영덕현의 정중우 현령 및 안동과 경주의 진장(鎭將)들이 향원 350명을 동원하여 봉기군들을 추격하자 봉기에 참가했던 사람들이 흩어지고, 이필제와 최시형도 일단 무리와 함께 영양 일월산으로 피신하였다.

이 봉기는 동학이 세상에 목소리를 낸 최초의 사건이었다. 그러나 그 결과는 참혹했다. 특히 천신만고 끝에 포덕을 하여 늘어난 동학도들에게는 청천벽력과도 같은 결과였다. 당시 경상도 지역은 강력한 유림의 반대 속에서 조심스럽게 동학의 세력이 확대되는 중이었는데, 이 사건을 계기로 교도 약 100여 명이 체포되어 처형되었으며, 200여 명은 집을 버리고 달아났다. 당연히 경상도 지역의 동학은 지하로 숨어들 수밖에 없었다.

영해 동학혁명에 가담한 포항사람들은 거의 최시형과 행동을 같이했다. 기록에 이름이 거론되는 포항사람들만 해도 17명이

최근 복원된 영해부 책방 관사·책방이란 당시 영해 부사의 보좌역으로 오늘날 기초 자치단체장의 비서실장에 해당한다.

천도교 교조 해월 최시형 옛집터

이곳은 해월 최시형이 1859년(33세)부터 화전을 일구며 살던 곳이다. 그는 1861년에 경주 용담으로 수운 최제우를 찾아가 東學에 입도한 후 독실한 수련으로 많은 포덕을 하여 劍岳布德이라는 별칭을 얻었고, 37세 되는 해에 동학의 제2세 교조가 되었다.

1894년 갑오동학혁명을 영도하였으며 '만물이 다 한울님을 모셨다' '만민은 모두 평등하다' '땅을 어머니의 살처럼 여기라' '어린아이 함부로 때리지 말라'고 말씀하시었다.

폐허가 된 최시형의 옛 집터(포항시 북구 신광면 마북리 일명 '검등골'). 이곳은 최시형이 천도교에 입도할 당시 기거하며 열심히 수련에 임해 천어(天語. 천도교에서는 깊은 수련의 경지에 들어가게 되면 '한울님의 말씀'을 듣게 되는 종교체험을 하게 된다)를 듣는 깊은 경지에 이르렀다는 곳이고, '사람이 곧 하늘'이라는 인내천(人乃天)에 관한 첫 강론을 한 장소로 알려져 있다.

나 된다.[38] 이중 특히 청하사람 최봉대는 후군장으로서 주도적인 역할을 하였다.

동학 최초의 교조신원운동과 반봉건투쟁을 전개한 영해 봉기는 분산 고립적인 당시의 일반 민란과는 성격이 다른 것이었

---

38 청하 : 이국필(李國弼) 형제, 최봉대(崔鳳大), 이도한(道漢＝直甫), 정용서(鄭龍瑞), 안 모씨, 이직보. 연일 : 이춘대, 천모씨, 박모씨. 흥해 : 김경철, 손흥준, 박황언(朴璜彦), 백모씨. 장기 : 성(成) 모씨. 기계 : 김동철(金東哲), 최전인(崔錢仁)

다. 예컨대 민란이 1개 군을 넘지 못하는 지역적 한계를 뛰어넘어 경상도 전역에서 참여자를 모집하고, 또한 영해 관아 점거 후 이웃 고을까지 도모해 나간 것은 일반적인 민란의 범주를 넘어서는 것이었다. 또한, 영해 동학혁명은 구향(舊鄕)에 대항하여 새롭게 성장하던 신향(新鄕)들이 동학이라는 사상적 뒷받침에 따른 의식성장을 바탕으로 지역 사회의 주류세력 교체를 도모하려 했던 시대적 환경과도 맞물려 있다. 이는 영해 동학혁명의 전국적 확대판이라고 할 수 있는 갑오년 동학농민혁명의 내용과 흐름을 이해하는 데에도 중요한 시사점을 던져 준다.

국내 최초로 성공한 영해 동학혁명은 '교조신원운동'을 떠나 '척왜창의(斥倭倡義)'로도 해석된다. 당시 영해 동학혁명에 참가하였다가 붙잡혀 목이 잘리거나 매를 맞아 죽은 사람들이 직접 진술한 내용을 적은 『교남공적』, 그리고 『영해부적변문축』에는 '교조신원'보다도 '고래 잡는 왜선이 동해에 자주 출몰하여 나라를 구하고 살길을 찾기 위하여 의병이 되고자 모여들었다'라고 진술한 것에 주목한 것이다. 또 최시형이 영해 동학혁명에 소극적이었다는 기존의 견해와는 달리 적극적으로 참여하였다는 것이 입증되고 있다. 영해 관아에 입성할 때 당시 최시형은 청하 출신 후군장 최봉대를 앞세우고 후군을 직접 지휘했고, 심지어 영해 부사 이정을 처단한 사람이 최경오(최시형의 어릴 적 이름) 교주라고 진술했다가 번복한 진술 내용도 있다.

그날 참가자들은 대부분 최제우가 처음 경주에서 동학을 포교한 흥해·연일·장기·기계·청하 등 경주를 중심으로 한 동북지역과 동남지역 동학교도들이었다는 것도 주목할 만한 일이다.

포항지역 사람들이 다수 참여한 영해 동학혁명은 희생도 많지만, 민족의 장래를 위해 또 다른 중요한 의미가 있다고 하겠다. 이후 1894년 최시형이 직접 영도한 갑오동학혁명은 제폭구민(除暴救民) 보국안민(輔國安民) 척양왜창의(斥洋倭倡義)의 기치를 높이 세운, 외세의 침략에서 조국을 보위하려는 명실상부한 거족적인 항일구국운동으로 이어졌기 때문이다.

산남의진(山南義陣) 주무대

산남의진 결성과 활동

산남의진(山南義陣)은 을사늑약 직후 영천의 정환직(鄭煥直)·정용기(鄭鏞基) 부자(父子)가 고종의 밀지(密旨)를 받들어 영남에서 일으킨 민간저항운동 조직의 하나로서, 전후 4차례에 걸쳐 군영조직이 개편되면서 약 5년간 활동한 의진이다. 이는 1905년부터 1910년 말까지의 국권 회복을 위한 의병 활동인 후기의병(後期義兵)에 해당하는 것이다. 이때는 의병들의 주 공격대상도 달랐다. 명성황후시해사건과 단발령을 계기로 전개된 전기의병(前期義兵)에서는 그 대상이 진위군이었던 것과는 달리 후기의병의 공격대상은 일본의 군경이었다. 그 때문에 의병들에 대한 일본 군경의 진압방법도 매우 잔인하였다.

산남의진은 경상도 동북부지역, 즉 경주·장기·흥해·청하·영덕·죽장·청송·영천·군위·의성 등으로 연결되는 산악지대를 거점으로 영해 방면의 신돌석 의진, 장기(長鬐) 방면의 장헌문 의진과 기각지세(掎角之勢)를 이루면서 일본군 수비대를 교란했다. 이 의진의 창의소(倡義所)는 영천시 자양면 검단동(현재의 충효동)에 두었지만, 실질적인 의병본부가 전반기에는 현재의 포항 송라면(당시 청하군) 북동대산에 있었고, 후반기에는 포항 장기면(당시 장기군) 남동대산에 있었다. 의군 참여자들도 영일군 죽장·상옥 지역의 유림과 산간포수들이 많았다. 제1대 정용기 대장은 죽장면 입암전투에서 순국하였고, 제2대 정환직 대장은 죽장면 상옥에서, 제3대 최세윤 대장은 장기면 용동에서 각 체포되었다. 산남의진의 대장들이 순국하거나 체포된 장소가 모두 포항권역이 었던 것이다. 큰 격전지도 흥해와 청하, 장기, 죽장, 상옥 등지였 다. 그 때문에 산남의진의 전 활동 기간 포항 영일권은 항상 그 중심에 놓여있었다. 하지만 산남의진의 활동권은 영일권에 국한 되지는 않았다. 군위, 의성, 청송, 경주, 울산, 청도, 밀양, 영천, 대구 팔공산까지 전 영남지역에 미쳤다.

이 의진은 다른 여타지역의 의진과는 달리 의진을 이끈 대장 이 당대에 끝나는 것이 아니라 정용기, 정환직, 최세윤까지 3대 를 이어 항쟁을 하였다. 그래서 후기의병의 전개 과정에서 일본 의 침략에 대응하여 항쟁한 의병부대 중 가장 광범한 지역과 가 장 긴 기간, 그리고 가장 치열하게 대일투쟁을 전개한 의진으로 평가된다.

산남의진의 제1차 활동 시기는 1906년 3월 초순부터[39] 그해 7월 하순까지인데, 이 시기는 정용기를 중심으로 의진이 처음으로 조직되고 활동을 개시한 단계이다. 정용기는 실질적으로 1906년 3월부터 1906년 4월 28일까지 진을 지휘하다가 4월 28일 경주 진위대의 계략에 속아 체포되어 대구 감옥에 갇힘으로써 그 후부터 7월 하순까지 약 3개월간은 포항 죽장 출신 중군장 이한구와 흥해 출신 소모장 정순기가 과도체제로 진영을 지휘하다가 활동을 중지하였다. 이 시기까지 포함하여 제1차 활동 시기로 본다. 제2차 활동은 1907년 6월(음 4월)부터 10월 8일(음 9월 2일)까지다. 이 시기는 대장 정용기가 석방된 후 1907년 6월 재봉기하여 투쟁하다가 그해 10월 8일 포항 죽장 입암전투에서 순국할 때까지다. 제3차 활동은 1907년 10월(음 9월) 정환직이 의진을 재조직하고 활동하다가 그가 포항 죽장면 상옥에서 체포될 때인 1907년 12월 11일(음 11월 7일)까지다. 제4차 활동은 1908년 2월(음 1월) 최세윤이 3대대장으로 취임한 후 그가 포항 장기 용동에서 체포된 시점인 1911년 9월경까지 사이의 활동을 말한다.

---

39 준비 기간은 1906년 12월이고, 실제 진용을 갖추고 활동을 개시한 시기는 1907년 3월 초순이다.

산남의진을 처음 결성한 정환직(鄭煥直)[40]은 영천군 자양면 검단리에서 출생하였다. 그는 1887년 44세의 늦은 나이로 벼슬길에 올라 의금부도사·태의원시종신·삼남도찰사·중추원의관 등을 두루 역임하여 누구보다도 고종의 신임이 두터웠다. 특히 1901년 11월 20일 궁중에 불이 났을 때 고종과 세자를 구출하여 고종의 사랑을 받게 되었다. 1905년 을사늑약이 체결될 때 그는 태의원(太医院) 전의(典医)라는 직함이었다. 을사늑약 직후인 1905년 12월 5일 고종황제는 그에게 밀지(密旨)를 내려 의병을 일으켜 싸워 줄 것을 바랐다. 그 과정에 대해서는 『산남창의지』[41]에 다음과 같이 기록되어 있다.

> 을사늑약 이후로 상하 민심이 비등하고 크고 작은 대소정사를 일본이 간섭하지 않는 것이 없음이라. 황제께서 탄식하며 이르기를 '경은 화천지수(和泉之水)[42]를 아는가?' '짐망(朕望)' 2자를 하사하시니, 이때 일본의 감시가 워낙 심하므로 말없이 눈물을 머금고 나왔다.

---

40 정환직의 자(字)는 백온(伯溫), 호는 동엄(東广), 본관은 영일(迎日), 본명은 치우(致佑)이다. 환직은 고종임금이 지어준 이름이다.

41 이 책은 1946년 이병락, 이중기 등에 의해 산남 창의 순절제공 239명의 실기를 수록한 것으로 경상도 지방의 의병 활동을 연구하는데 중요한 사료이다.

42 華泉之水의 오기인 듯하다.

고종황제는 자신의 심정을 '화천지수(華泉之水)'[43]라는 중국고사(中國古事)를 인용하여 은유적으로 말을 하면서, '나는 그대가 그렇게 하기를 원하노라'라는 뜻으로 '짐망(朕望)'이란 두 글자를 비밀리에 써서 정환직에게 주었다. 고종의 이런 행동은 임금인 자신은 일본 제국주의에 항전하는 의지를 갖췄지만, 주위에 있는 사람들이 모두 역신(逆臣)의 첩자들이므로 중국고사에 등장하는 '봉축부'처럼 믿음직스러운 정환직에게 밀유(密諭)를 내려 항일투쟁을 부탁한 것이다. 밀지를 받아든 정환직은 그 날짜로 관직을 사퇴하고 창의를 준비하였다. 곧바로 장남 정용기(鄭鏞基)를 불러 창의의 뜻을 알리고, 고향인 영천으로 내려가 의병을 일으켜 동해안을 따라 북상하도록 지시하였다. 정환직 자신은 강릉 쪽에서 군사를 모아 기다렸다가 때를 보아 정용기의 군대와 같이 서울을 공격하기로 작전을 세웠다. 이들 부자는 처음부터 서울을 공격하여 간신들을 척결하고 왜군을 몰아내는 것을 목표로 삼았다.

---

43 춘추전국시대 때 제(齊)나라 경(頃)공이 항시 최대 강적이었던 진(晋)에 항전하다가 크게 패하여 장졸들은 다 흩어지고 포로가 될 지경에 이르렀을 때 우차(右車)의 장(車右將) 봉축부(逢丑父)가 임금의 위기를 모면하게 하려고 임금의 수레에 올라가서 자기 옷을 벗어 경공에게 주어 바꿔 입게 하고 말고삐를 잡고 차의 바른편에 서게 하였다. 이윽고 적장이 다가왔을 때 축부가 고삐를 잡은 자에게 소리를 쳤다. "내가 목이 마르니 급히 화천(華泉)의 맑은 물을 떠 오라" 하였다. 고삐를 잡은 경공은 이 틈을 타 포위에서 벗어날 수 있었고, 봉축부가 대신 붙잡히게 되었다는 고사(故事). 『山南倡義誌』에서는 '和泉之水'라 기록하고 있지만, 원래 고사는 '華泉之水'이다.

경상북도 포항시 북구 죽장면 입암리에 있는 산남의진발상기념비이다. 을사늑약 체결 후
옛 포항지역을 중심으로 전개되었던 의병 활동을 기념하기 위하여 1985년에 건립되었
다. 산남의진(山南義陣)이란 구한말 포항지역을 중심으로 항일운동을 펼친 의병 진영을
일컫는 말로써, '산남'은 경상북도 문경새재, 즉 조령 이남의 영남지방을 뜻한다.

이처럼 산남의진의 결성 동기는 고종황제의 밀명에서 기인하였다. 황제로부터 밀명을 받았다는 것은 든든한 황제가 그의 뒤를 봐주고 있다는 뜻이고 이런 사실은 추후 의병을 모집하는 데 큰 도움이 되었다. 후에 의진이 어느 사람을 막론하고 총을 쏠 줄 아는 포수를 강제 징발할 수 있는 군령을 제정하는 것이나, 주민들로부터 진공(進貢)을 거두어들이는 데도 신임이 각별함을 알리는 황제의 밀서가 큰 역할을 했다. 이 때문에 죽장과 청송·의성 등지의 산간지방의 포수들을 다수 입진시킬 수 있었고, 청하·신령·자양 등 지역으로부터 군량미나 군수품의 진공(進貢)도 받을 수 있었다.

1905년 12월, 아버지의 뜻에 따라 정용기는 절친한 동지 이한구, 손영각, 정순기와 같이 영천 자양면 검단동에 창의소(倡義所)를 마련하고 의병을 모집하기 시작했다. 서울에 남아 기병준비를 돕고 있던 정환직에게 고종황제가 특별히 군자금 5만 냥을 보내 주었고, 전 참찬 허위(許蔿)도 퇴직 관료들이 모금한 성금 2만 냥을 그에게 보내 주었다. 무기를 사기 위해 중국인 왕심정(王心正)이란 사람을 상해(上海)로 보낸 것도 이때였다.

정용기가 의병을 모집하고 있다는 소식이 각지에 전해지자 그 당시 경상도 일대에서 소규모 부대로 활약하고 있던 의병들이

하나둘 모여들었다. 봉건 권력의 경제적 수탈에 한탄하던 의사와 민중, 그리고 산간지역 포수들도 속속 모여들었다. 그와 동시에 포항 죽장 사람 이한구가 청송지방으로 가서 모군 하여 오고, 흥해 사람 정순기가 영해로 가서 신돌석 진영에 연락한 후 돌아오고, 경주 사람 이규필이 흥해로 가서 정래의(鄭來儀) 등을 불러 오게 하는 등 사방으로부터 의병들을 모았다.[44] 무기는 산간의 엽총과 각 읍의 군사창고에 비치하여 있는 것을 취득하였으며, 군자금은 민가에서 헌납한 후원금과 도내의 두서너 부자로부터 원조를 받기도 하고, 청하·신녕·청송·자양 등 지역으로부터 진공도 받았다.[45]

한편, 을미의병 때 안동의 김도화 의진과 예안의 김도현 의진에 참여하였다가 고종의 칙령으로 해산 후 흥해의 학림(鶴林)에서 후학을 양성하고 있던 최세윤은 을사늑약이 체결되자 분노를 참지 못하고 있었다. 그는 나라를 위해 죽기를 맹세하고 다시 의병을 일으킬 채비를 하였다. 영천과 죽장면에서 의병을 모으고 있던 정환직도 일찍이 최세윤의 의기(意氣)와 지략이 뛰어남을 듣고 있었다. 그래서 정용기(鄭鏞基)와 지포(芝圃) 이한구(李韓久)

---

44 『산남의진유사』, pp.257~258
45 『산남창의지』

를 최세윤이 거주하던 흥해 학림에 보내 함께 거의 할 뜻을 제의하였다. 최세윤은 눈물을 흘리며 흔쾌히 승낙하고 그들을 따라 영천으로 갔다. 최세윤이 영천에 이르렀을 때는 정환직도 서울에서 내려와 그곳에 머물고 있으면서 세밀한 거의 계획을 짜고 있었다. 정환직과 최세윤은 서로 의논하여 전략을 세우고, 군사를 모아 날짜를 정하여 호응하기로 굳게 결의했다.

집에서 집결소식을 기다리던 최세윤은 그러나 막상 산남의진의 기치(旗幟)를 세우는 날에는 참석하지 못했다. 애석하게도 몸이 아파 움직이기조차 불편했다. 이런 사정을 몰랐던 정용기는 그에게 의진에 참여하라는 친서를 이한구 편으로 보냈다. 이에 대해 최세윤은 '부기가 온몸에 퍼져서 자리에 누운 지 오래고, 처도 일곱 달째 되는 임신의 몸으로서 해소·천식에 속이 답답한 증세가 날마다 심해져서 정신을 차릴 수 없는 처지'라 부득이 결성식에는 참석하지는 못하나 의진과는 뜻을 같이하겠다는 취지의 답변을 보냈다. 이런 그에게 정용기는 흥해 지방 활동 책임자의 역할을 부여했다. 지역 활동책임을 맡은 최세윤은 비록 보행조차 어려웠지만, 당시 일본 군경의 삼엄한 감시 속에서도 지역 활동책의 주요 임무인 의병모집, 무기수집, 정보탐문 등의 활동을 빈틈없이 수행하였다.

1대 정용기(鄭鏞基) 대장의 활동

정용기가 부대편성을 완성하여 의진의 진호(陣号)를 산남의진(山南義陣)이라 일컫고 처음 출진한 것이 1906년 3월(음력 2월) 중순이었다. 당시 모여든 의병의 숫자는 1,000여 명이나 되었다. 흥해에서 최세윤(崔世允), 청송에서 김일언(金一彦), 봉화에서 이세기(李世紀)[46] 등이 군사 모집과 그 밖의 준비에 특히 공이 많았다.

산남의진은 정환직을 총수, 정용기를 대장으로 하고, 그 아래 중군·참모장·소모장·도총장·선봉장·후봉장·좌영장·우영장·연습장·도포장·좌익장·우익장·좌포장·우포장·장영집사·군문집사 등 16개 부서의 부대장(部隊長)을 두었다. 전체 병력 약 1,000명 중 각 부 장령은 본영의 지휘에 따라 각기 50~100명의 소부대를 지휘하였다.

제1대 대장에 추대된 정용기[47]는 1862년 12월 13일(양력 1863년 1월 31일) 영천군 자양면 검단리에서 정환직과 여강(驪江) 이씨 사이에서 장남으로 태어났다. 1876년 15세의 정용기는 아버지 정환직을 따라 김산(김천) 봉계로 이사했다. 당시 봉계에는

---

46 李世紀는 李石伊, 이사옥(李士玉)으로도 불렸다.
47 정용기의 자(字)는 관여(寬汝), 호는 단오(丹吾)이다.

먼 친척인 연일 정씨들이 세거하고 있었기에 정환직 일가는 살길을 찾아 그곳으로 이거를 하였다. 그러나 아버지 정환직이 관직에 나가 타향에서 머물렀으므로 정용기는 농사와 공예업에 종사하며 가사를 돌보았다. 그 후 정용기는 영일 죽장 창리(倉里)[48]로 이거를 하면서 그곳에 살고 있던 여강이씨 이능경(李能璟)·능종(能種) 형제, 이한구(李韓久), 재종제 정순기(鄭純基) 등과 깊이 사귀게 되었다. 그는 평소에 인근의 청년교육과 고아들 구호에 뜻을 두고 실천함으로써 거주하는 그곳마다 따르는 제자가 많았다.

한편, 정용기가 편성한 의진의 구성원을 살펴보면,[49] 도총관

---

48 현재의 포항시 북구 죽장면 현내리이다.

49 이때 조직한 의진의 구성과 편성은 다음과 같다. 〈본부 부서〉 창의대장(倡義大將) 정용기(鄭鏞基). 중군장(中軍將) 이한구(李韓久). 참모장(參謀將) 손영각(孫永珏). 소모장(召募將) 정순기(鄭純基). 도총장(都總將) 이종곤(李鍾崑). 선봉장(先鋒將) 홍구섭(洪龜燮). 후봉장(後鋒將) 서종락(徐鍾洛). 좌영장(左營將) 이경구(李景久). 우영장(右營將) 김태언(金泰彦). 연습장 이규필(李圭弼). 도포장(都砲將) 백남신(白南信). 좌익장(左翼將) 정치우(鄭致宇). 우익장(右翼將) 정래의(鄭來儀). 좌포장(左砲將) 이세기(李世紀). 우포장(右砲將) 정완성(鄭完成). 장영집사(裝營執事) 최기보(崔基輔). 군문집사(軍門執事) 이두규(李斗圭). 〈내부기획〉 이한구(李韓久)·정순기(鄭純基)·손영각(孫永珏). 〈각 지방 연락책〉 이규필(李圭弼), 백남신(白南信), 정완성(鄭完成), 최기보(崔基輔), 최치환(崔致煥), 정진학(鄭鎭鶴), 정대하(丁大廈), 이창송(李蒼松). 〈각 주군 활동책〉 영천 : 이수인, 이형표, 정치석, 정진영. 신령 : 권규섭, 성락희, 성락호, 황보근, 이두규, 이하수, 양식용. 흥해 : 최세윤, 정래의, 조성목, 김창수. 청하 : 이규상, 오수희, 김찬묵, 김상규. 기계 : 이종곤, 김태환, 김학이. 죽장 : 안수원, 임병호, 김순도. 영덕·영해 : 구한서, 김태언. 영일·장기 : 김인호, 박경화. 진보 : 우영조, 김일언. 청송 : 서종락, 남석구, 남석인, 임중호, 심일지. 영양·봉화 : 이세기, 남석우. 예안·안

이종곤은 포항 기계에서 활약하다가 입진 하였고, 선봉장 홍구섭은 병신창의(丙申倡義) 때 안동 김도화 의진에서 활동한 선봉장 홍병태의 아들로서 산남의진에 자원한 인물이다. 또한, 후봉장 서종락과 우영장 김태언은 청송에서 의병으로 활약하다가 산남의진에 합류하였다. 연습장 이규필은 모군 당시 홍해로 가서 정래의(鄭來儀) 부대를 입진케 하였다. 좌포장 이세기는 청송군의 포군(砲軍)으로 봉직하다가 진위대가 해산된 후 의진에 투신한 인물이다. 백남신[50]은 포항 죽장면 지동 출신으로 어릴 때부터 엽포수(獵砲手)로 백발백중의 명사수였다. 백남신 외에도 죽장면 가사리 출신인 민시식, 지동 출신 최치환 등 북동대산 일대에서 활동하고 있던 포수 100여 명이 서로 손을 잡고 입진하였다.[51] 이렇게 볼 때 장령(將領)에 편성된 여러 핵심인물은 이미 경상도 각지에서 단독으로 의병활약을 하며 입진한 인물도 있었고, 대체로 유생들 중심이었지만 이세기 같은 군인 출신, 백남신과 같은 엽사 출신 등 신분이 다양했다.

동 : 김석정, 이경구, 이상호. 비안·의성 : 박태종, 배연즙. 군위·의흥 : 박광, 조경옥. 하양·경산 : 정춘일, 손선일, 손기찬. 대구·현풍 : 손양윤, 손양상, 김도언. 청도·창녕 : 김성극, 박문선, 박용운. 울산·언양 : 김진현, 최욱조, 박기동. 영산·밀양 : 박한종, 권대진. 지례·고령 : 정석기, 윤무건. 인동·칠곡 : 장성우, 손영목. 김산·성주 : 정환문, 정환집. 상주·선산 : 양제안, 손익선. 경주 : 홍구섭, 홍우섭, 서중표, 조상환

50 백남신은 백영근(白永根), 또는 영촌(永村)이라고도 불렸다.

51 『산남의진유사』, p.466

지역 출신들로 본다면, 남으로 밀양과 울산, 북으로는 봉화와 영양에 이르기까지 경상남·북도의 각 지방에서 사람들이 왔다. 지역별로 분담하여 활약하게 한 연락책임자와 활동 책임자 수만 해도 24개 지역 79명이나 되었다. 이 정도의 조직과 규모를 갖추었기에 산남의진은 영남지역의 가장 대표적 의진으로 평가되는 것이다.[52]

1906년 3월, 정용기를 대장으로 하는 산남의진이 결성되자마자 추진한 작전은 서울 진공 작전이었다. 정환직·정용기 부자는 처음부터 황제의 밀지를 받고 의진을 조직하였기 때문에 서울에 있는 간신들과 일본군을 물리치는 것을 첫째 목표로 삼았다. 관동지방에는 이미 무기를 갖춘 의병들이 곳곳의 산악지대를 점령하고 있을 뿐 아니라 지세가 험준한 강원도 땅을 잘 이용하면 쉽게 서울에 도달할 수 있을 것으로 보았다. 그래서 강원도 쪽을 이용하여 서울로 들어가 황궁을 옹호하며 배성일전(背城一戰) 하기로 계획을 세웠다.

그 무렵, 영해(寧海)에서도 신돌석(申乭石)이 기병하였다. 두 의진은 서로 긴밀한 연락을 취하며 협조해 싸우기로 하였다. 당시

52 배용일, 「山南義陣 考-鄭煥直·鄭鏞基 父子 義兵將 活動을 中心으로-」, 『포항1대학 논문집』, 제6집, 1982, p.15

신돌석은 안동 진위대(鎭衛隊)의 공격을 받고 있으므로 산남의진이 남쪽에서 동해안을 따라 공격해 올라가면 견제가 된다고 생각했다. 그래서 영일 죽장을 거점으로 하여 북진하면서 영덕 신돌석 장군과 합세한 후, 동해안을 따라 산악유격전을 펼치면서 서울로 쳐 올라가기로 작전을 세웠다. 정용기는 1906년 3월 행진을 시작하여 영천·청송지방을 경유하고, 각 부대를 조종하며 북상했다. 서울에 머물던 정환직도 군대를 탈영한 군인 등 4월 중순에 모집된 의병 100여 명을 강원도 강릉의 남쪽 금광평(金光坪)으로 보내 남으로부터 올라오는 산남의진을 맞이하도록 모든 준비를 하고 있었다.

그런데 의진이 출진한 지 달포가 지났을 무렵, 정용기를 대장으로 하는 산남의진은 신돌석(申乭石)의진이 영해에서 일본군 수비대에게 패했다는 연락을 받았다. 정용기는 이를 돕기 위해 수백 명의 군사를 이끌고 영해 방향으로 진군하였다. 경주 진위대가 이런 움직임을 눈치채고 저지에 나섰다. 정용기 부대가 1906년 5월 21일(음 1906년 4월 28일), 영일군 신광면 우각리에 이르렀을 때였다. 갑자기 한 무리의 병사들이 나타나더니, 자신들은 경주 진위대의 병사로서 대장 참령(參領) 신석호(申錫鎬)의 명을 받고 왔다며 인사를 했다. 정용기는 본진 군사들을 진정시키고 이들을 만나보니 한 통의 편지를 꺼내 놓았다. 그 내용에는 '어

정용기가 경주 진위대장 신석호의 계략에 빠져 구금되었던 경상북도 경무부 건물의 1916년경 모습. 사진 속 인물은 핫토리 경무부장겸 헌병대장

느 대관이 서울에서 체포되었다 하니 존공(尊公)의 아버지(大人)가 아닌가? 이 일을 해결하자면 좋은 기회가 있기에 공을 만나고자 요청한다.'라는 내용이었다. 여기서 '존공의 아버지'는 바로 정환직이었다. 정용기는 이 편지를 진실로 믿고 뒷일을 중군장 이한구에게 맡기고는 혼자 경주로 신석호를 만나러 갔다가 붙잡히고 말았다. 결국, 경주 진위대의 속임수에 걸려든 것이다. 정용기는 대구에 있는 경북경무서로 이송되어 구속되었다. 이렇

게 서울 진공 작전은 출발부터 난관에 봉착하였다.

중군장 이한구는 정용기가 대구로 잡혀가자 정용기의 종숙 정치훈(鄭致勳)을 서울로 보내 부친 정환직에게 급히 사정을 알렸다. 의진에도 혼란이 왔다. 정용기가 뒷일을 이한구에게 맡겼다고는 하나 대다수 의병이 흩어지기도 하고 대장이 없는 의진은 중구난방이었다. 의진은 이한구와 정순기 과도체제로 운영되었다. 정순기는 흥해·청송·영덕지역을 돌면서 산남의진에 필요한 사람을 모으고 물자를 거두어 1906년 6월 3일 의병 30명을 이끌고 영덕 달산에 있는 청련사에 도착했다. 그곳에는 이한구가 의병 30여 명을 모아 기다리고 있었다. 이한구와 정순기는 그때까지 모인 의병들로 군영을 새로 짰다. 새로 구성된 의진은 겨우 80여 명이었다. 이한구와 정순기는 이들 의병 80여 명을 지휘하여 6월 12일(음 4월 21일) 경주 쪽으로 가다 영덕 적암지(赤巖地)에서 경주 진위대 소속 30명과 전투를 벌였다. 이날 격전으로 의병들은 사방으로 흩어졌다. 이때 포대장 남우팔은 옥동(玉洞)에서 다음을 기약하며 자신이 거느린 의병들을 해산시켰다. 중군장 이한구는 1906년 6월 25일(음 5월 4일) 청하로 이동하기 위하여 덕성(德城)을 지날 때 일본군 수비대 100여 명의 급습을 받아 격전 끝에 물리쳤다. 이한구는 그 후에도 의진을 이끌고 강구·청하 등 각지에서 수차례 일본군 수비대와 항쟁을 치렀다.

하지만 정용기 대장이 없는 상태에서 의병들은 사기가 위축되었고, 일본군 수비대의 증파로 희생만 늘어가자 의진을 해산할 수밖에 없었다. 결국, 이한구와 정순기는 후일을 기약하며 투쟁을 중단하고 의병을 해산하고 말았다. 이때가 1907년 7월 하순 무렵이었으니 정환직과 정용기가 산남의진을 창의한 지 약 5개월 만이었다.

한편, 아들 정용기의 구금 소식을 들은 정환직은 서울에서 아들을 석방하기 위해 갖은 노력을 기울였다. 아들이 기병할 무렵 정환직은 서울의 장정 100여 명을 광산 일꾼으로 변장하여 강릉으로 보내 맞을 준비를 하고 있었는데, 아들의 체포는 큰 충격이었다. 그는 백방 요로에 힘을 써서 5개월 만인 1906년 9월 20일 경북경무서에서 아들을 석방하는 데 성공했다. 석방 이유는 '조선의 의사를 해치지 말라'는 고종황제의 칙령에 따라서였다고 한다.[53] 정용기는 고향 영천으로 돌아와 옥고의 여독으로 수개월 동안 병상에 누워 있다가 몸을 추스른 뒤 1907년 4월에 들어 이한구·손영각·정순기 등과 만나 의진 재기를 의논하였다. 이들은 1907년 6월 초순부터 본격적인 의병모집에 들어갔다.

<hr />

53 『산남창의지』(하), p.7

정순기·이한구 등이 전해 7월 말 의진을 일시 해산함으로써 활동이 중단된 지 약 1년 만에 다시 의진이 재결성된 것이다.

의진을 재결성할 때 정용기는 남석인과 이세기 등을 시켜 청송·진보에서 군사를 모집하도록 했지만, 남석인이 집으로 갔다가 체포되자 다시 정순기와 이종곤을 청송으로 보냈다. 또 이규필을 흥해와 청하로, 홍구섭을 경주로 보내어 군사를 모집했다. 특히 김현극과 유화실은 부산과 대구 방면을 내왕하며 화약을 제공하였고, 청송에서는 다량의 군수품이 출연되었다. 또 동해안 지방에서는 임용상이, 의성에서는 박태종이, 그리고 신령에서 권규섭이 각기 의병을 거느리고 도착했다. 그렇게 모인 군사들로 의진이 다시 짜였다.[54]

산남의진이 재결성된 이 무렵 조선 사회는 소용돌이를 치고 있었다. 1907년 7월 20일 일본은 헤이그 특사 사건을 구실로 고종을 강제 퇴위시키고, 순종을 등극시킨 다음 정미칠조약을 체결하여 한국군대를 해산시켰다. 군대 해산은 대한제국의 실질

---

54 이때 재결성된 의진은 대장 : 정용기(鄭鏞基), 중군장 : 이한구(李韓久), 참모장 : 손영각(孫永珏), 소모장 : 정순기(鄭純基), 도총장 : 박태종(朴泰宗), 선봉장 : 홍구섭(洪龜燮), 후봉장 : 이세기(李世紀), 좌영장 : 권규섭(權奎燮), 우영장 : 이규필(李圭弼), 연습장 : 우재룡(禹在龍), 도포장 : 백남신(白南信), 좌익장 : 정래의(鄭來儀), 우익장 : 김성일(金聖一), 좌포장 : 장대익(張大翼), 우포장 : 김일언(金一彦), 유격장 : 임중호(林中虎), 척후장 : 정성욱(鄭成郁), 점군검찰 : 안수원(安守元), 장영서장 : 김진영(金震榮), 군문집사 : 이두규(李斗圭)

적인 멸망을 뜻하는 비극적인 사건이었다. 그러나 해산군인은 서울이나 원주에서처럼 부대 단위로 의병으로 전환하거나 개인적으로 의병 전선에 참여하였다. 이 때문에 의병 활동 지역이 크게 확대되었다. 의병조직도 종전처럼 유생 중심의 경향이 아니고, 누구든지 전투력에 따라 중심인물로 부상했다. 하급 병사 출신의 의병장이 종래의 유생 의병장과 교체되어 양반도 평민의 지휘를 받는 의병 전선으로 성격이 변해갔다.

산남의진에도 이때 해산된 군인들이 대거 합세했다. 재결성 시 우익장에 기용된 김성일은 울산 군인 출신이었다. 연습장을 맡은 우재룡은 청송군 유전(楡田) 사람으로 대구부 진위대 참교 출신이다. 우재룡은 군대 해산에 반대해 동지들과 진영을 탈영했고, 석방된 정용기가 의병을 모집한다는 소문을 듣고 산남의진에 합류했다. 그 외에도 김치현·조선유·고찬·김경문·김은진·은순택·권만식 등의 해산병이 산남의진에 입진했다. 김경문은 본래 서울에서 군인 생활을 하다가 정환직의 명령을 받고 서울서 영남으로 내려와 활동했다. 이들이 갖고 온 근대적 무기는 의병의 무장력을 강화했다. 또한, 유격전을 비롯한 전술의 향상과 훈련을 담당하면서 의병들의 전투력이 크게 향상되었다. 의병들은 주사산성(朱沙山城), 북동대산, 청도 운문산(雲門山)에 마련된 훈련장에서 신병훈련을 받고 의진에 투입되었다.[55] 산남의진은 다시 약 1,000여 명의 군사를 거느린 대규모 의진으로 태어났다.

재결성된 산남의진이 본격적으로 활동한 시기는 1907년 7월부터이다. 의진은 이미 정환직으로부터 1907년 5월에 관동으로 들어가 서울로 진공하라는 명령을 받은 적이 있었다. 하지만 정용기가 오랫동안 신병을 앓고 있었고, 일본군 토벌대의 감시와 탄압으로 군사 모집과 군수물자 확보 또한 여의치 않음으로 인해 정환직과 관동에서 5월에 만나자는 약정은 실현되지 못했다. 당시 의진은 일본군과의 항전에서 수많은 희생자를 냈다. 즉 무기도 열악하고 더욱이 탄약이 극히 부족한 상태였다. 한번 전투를 치르기 위해서는 탄약과 식량 등 많은 준비가 필요했다. 탄약과 보급이 떨어지면 의병들은 산중 사찰이나 동굴을 근거지로 삼아 숨어 있다가 최신식 무기로 무장한 일본군이 접근하면 대항하여 싸웠다. 그 결과 수많은 의병이 이름도 남기지 못한 채 사살됐다.

'영릉의진(寧陵義陳)'의 신돌석 부대도 전반기에는 울진과 삼척을 공격하여 맹위를 떨쳤지만, 후반기에는 투쟁 양상이 많이 바

---

55 『산남의진유사』, pp.406~408

꿰었다. 우선 일본군이 영릉의진을 적극적으로 공격하고 나서기 시작하면서 관동으로 북상할 수 있는 통로를 열지 못하였다.

설상가상으로, 일제는 1907년 7월 보병 제14연대를 포함하는 1개 여단 병력을 한국에 파견하였다. 의병 토벌을 위해 1개 사단 주둔을 고수하던 일제가 갑자기 1개 여단[56]을 증파한 것이다. 이 군대[57]는 그동안 전국에 걸쳐 수비하던 보병 제13사단의 관할지역 중에 남부지역 수비에 들어갔다. 증파된 여단 소속 일본군 보병 제14연대 병력은 1907년 7월 26일 아침 6시 40분 부산에 상륙했다. 각 부대는 이미 하달된 지역에 배치되어 전투태세에 들어갔다. 이들의 배치 목적은 군대해산과 의병탄압이었다. 대도시가 아닌 포항지역에도 1개 소대 병력이 배치되었다. 그 이유는 장기와 포항 등지에서 무역이나 광산, 수산업을 하던 일본인들이 의병들로부터 큰 피해를 봤고,[58] 그보다 더 공격적인 산남의진은 흥해와 청하 등의 일본 순사주재소를 수시로 공격했

---

56 1개 여단은 2개 연대로 편제되었다.
57 오구라(小倉)에 사령부를 둔 보병 제12사단에서 1개 여단을 편성, 한국에 파견하여 한국주차군사령관의 지휘를 받도록 하였다. 제12여단은 여단사령부와 제14연대, 제47연대로 편성하였다.
58 이 무렵 현재의 포항 지역인 장기면(당시 장기군) 지역에는 장헌문이 이끄는 장기의진이 있었다. 장기의진은 일본사람들이 경영하는 탄광 등 광산을 습격하여 일본인들을 쫓아내는가 하면, 구룡포를 거점으로 어업경영과 곡물 무역을 하던 도가와 야스브로(十河弥三郞) 경영의 장기 모포리 점포를 습격하기도 했다.

기 때문이다.

의병을 진압하기 위한 일본군의 정예 병력이 증강 투입되었음에도, 정용기는 북상 길을 트기 위해 신돌석 부대를 지원하는 한편, 동해안 쪽으로 척후병을 파견하면서 줄곧 길을 찾고 있었다. 1907년 8월 초에는 청송·신령·의성 등지로 부대를 이동하면서 무기와 군량을 모으고 지역 실정과 적세를 탐지했다. 1907년 8월 25일(음력 7월 17일) 의병 약 300명으로 청하 읍내를 공격하여 적 1명을 포살하고 분파소(分派所) 및 관계 건물을 소각하고 다시 청하에서 죽장 상옥으로 넘어오는 샘재(泉嶺)로 회군하였다. 청하에서 확보한 총기류는 샘재에 감추어 두기도 했다. 이동할 때에는 부대를 해산하고 개별적으로 농민이나 상인 등으로 위장하여 약속한 장소로 모이게 하여 일본군의 추격을 따돌렸다.

상황이 여기에 이르자 일본군 남부수비대장 요다(依田) 소장은 특별 조처를 내렸다. 1907년 9월 5일 일본군 제14연대와 제47연대의 병력을 동원하여 경북지역 의병을 탄압하기 위한 '토벌대'(대장 : 菊池 대좌)를 편성한 것이다. 기쿠치(菊池) 대좌가 이끄는 토벌대는 조직적으로 의진을 공격했다. 1907년 9월 15일에는 제1종대가 신돌석 부대 약 170여 명을 습격했다.[59] 1907년 9월

---

59 보병 14연대의 『진중일지』에는 이 전투에서 의병 12명을 사살하고 30여 명에게 상처를 입혔다고 적혀있다.

17일에는 의병에 협조하다가 체포된 주민 2명을 심문하던 도중에 탈출을 기도한다는 이유로 사살했다. 9월 18일에도 9월 6일 체포한 이강년의 숙부 이강유(康裕)와 조병순(趙炳淳)이 탈출을 기도했다며 사살했다.[60]

1907년 9월 21일, 여단장은 일본군 제14연대에 다시 명령을 내려 봉화 죽령 방면과 경북 해안지대의 정용기 부대, 그리고 신돌석 부대를 토벌하기 위해 병역을 재배치하였다. 이 병력은 2개 연대본부, 3개 대대본부, 21개 소대, 그리고 기병 21명, 포병 1개소대(2문), 전신기수와 전신수 약간 명으로 편성되었다. 이들 일본군 병력의 움직임을 먼저 눈치챈 의진은 신돌석의 영릉의진이었다. 정용기가 청송을 거쳐 신령에 유진할 무렵 신돌석 부대에서 '전후에 적이 많다'라고 전해 왔다. 정용기는 의진을 3대로 나누어 도로 요지에 매복하여 기다렸다. 1907년 9월 21일(음 8월 14일) 미명에 청송 안덕면 신성(薪城)에서 큰 전투가 벌어졌는데, 마침 심한 비바람으로 의병들의 화승총이 제대로 작동되지 못해 의진은 패하고 부장 이치옥(李致玉)이 전사했다.[61]

관동으로의 북상은 이런 장애 요소들로 인해 더욱 지연되고

---

60 의병들은 탈출을 시도하지 않았다. 일군경들은 포로로 잡은 의병들로부터 필요한 정보를 캐내고 현장에서 사살하고는 절차를 지키지 않는 살인행위에 대한 책임을 회피하기 위하여 '탈출을 기도했다'라는 허위사실을 보고문서에 꼭 집어넣었다.

61 『산남창의지』(하), p.23

말았다. 급기야 1907년 9월 25일 강릉에서 대기하고 있던 정환직 부대가 내려와 본진에 합세하였다. 정용기는 북상을 위한 전열의 재정비를 위해 영천 보현산(宝賢山) 주위에 진을 쳤다. 이때 척후병이 와서 일본군이 영천 자양면 검단리(檢丹里) 정용기의 고향마을로 들어가 마을을 불살랐다고 전해왔다. 의진은 급히 출격하여 일본군을 격퇴하였으나 주변 민가뿐 아니라 정용기 자택의 집기 서적 등은 이미 불태워지고 없었다.[62] 9월 27일에는 청송 진보군 송정동에서 츄마(中馬) 소대가 박처사(朴處士)가 거느린 의병과 전투를 벌였는데, 이 전투에서 의병 18명이 희생되었다.

그런데도 정용기는 1907년 10월 2일(음 8월 23일) 의병 약 150명으로 고향인 영천 자양(紫陽)을 공격하였다. 이날 일본군인 1명을 포살하고 한국인 보조원은 타일러 보냈다. 정용기의 이런 움직임은 1907년 10월 2일 흥해 분파소 순사들에게 포착되었다. 그들로부터 통보를 받은 일본군 14연대 소속 영일수비대와 청송수비대는 연합작전으로 정용기 부대의 행적을 추적하기 시작했다.[63] 이 과정에서 1907년 10월 4일(양력) 포항 기계면 안국사(安國寺)가 일본군에 의해 소각당했다. 일본 측 보고서에

---

62 『산남창의지』(하), p.25 『독립운동사자료집』3, p.683
63 『보병 제14연대 진중일지』권1, pp.330~331

따르면, 그들이 안국사를 불태운 이유가 의병의 본거지이고 그 절에 있는 승려도 폭도였기 때문이라고 했다.[64] 일본군 보고서에는 기계 안국사 외에도 안강 옥산의 도덕사(道德寺), 영덕의 청련사(靑蓮寺), 신광의 법광사(法廣寺), 영천의 거동사(巨洞寺), 청하의 보경사(宝鏡寺), 포항 죽장면 절골 개흥사(開興寺) 등이 의병의 본거지로 자주 이용된다고 했다.

1907년 9월 주차군사령관 하세가와(長谷川好道)는 '비도에 투신하거나, 그것을 은피시키고 혹은 흉기를 감추어 주는 자는 가차 없이 엄하게 벌할 뿐 아니라, 그 책임을 현행범의 촌읍(村邑)에 돌려 마을 전체를 엄중하게 처치할 것'이라고 고시하고 일반 촌락에 대해 학살과 방화를 자행하였다.[65] 의병의 유격 전술과 주민들의 협조로 의병진압에 어려움을 느낀 일제가 이른바 초토화(焦土化) 전술을 추진한 것이다. 이에 따라 1907년 7월부터 1908년 말까지 일제가 방화한 민가만 해도 6,681호에 달하였다.[66] 이러한 방화는 일반 민가뿐만 아니라 사찰 역시 방화의 대상이 되었다. 일제는 의병부대가 사찰에 머물다 가거나 의병들에게 도움을 준 것을 문제 삼아 사찰을 소각하였다. 보복적 차원

---

64 일군경은 의병을 폭도로 표현했다.

65 『조선폭도토벌지』, 『독립운동사자료집』3, pp.671~672

66 『독립운동사』(의병항쟁사) 1, pp.524~526

포항 기계면 안국사 터. 산남의진의 근거지 중의 하나였던 안국사는 1907년 10월 4일(양력)
일본군에 의해 소각당했고, 부도와 비석들까지도 모두 부서졌다. (포항시 북구 기계면 남계리 301-1)

에서 행해진 일이지만, 해당 사찰이 다시는 의병의 근거지가 되
지 못하도록 하는 예방 목적도 작용했다. 이러한 사례는 전국적
으로 다수 발견되는데, 포항 영일지역에서도 안국사와 법광사
가, 영천지역에서는 보현산 비상사 등이 피해를 보았다.[67]

---

67   이승윤, 「후기 의병기 일본군의 사찰 탄압」, 『한국근대사연구』 2014년 가을호 제70
집, pp.84~85

산남의진 입암지변(山南義陣立巖之変)

1907년 10월 2일(음력 8월 25일) 영천군 자양면 검단동의 본 가가 불타버린 것을 확인한 후 포항 기계 안국사로 돌아온 정용 기는 야간회의를 열고 북상에 대한 부장(副將)들의 의견을 다시 모았다. 이날 회의에서 정용기는 병사들에게 '10일간 휴가를 보 낸다.'라는 결정을 내렸다. 병사들 대부분이 기계·죽장·청송· 청하·영일·흥해 등지에 본가를 둔 사람들이었기에 집안도 둘러 보고 가족도 만나 볼수 있는 여유를 주고, 강릉 북상을 위해 그 동안 입고 있던 얇은 의복을 동복으로 바꾸어 입고 오도록 하기 위함이었다. 영장(營將)들에도 각기 부하를 끌고 각지로 가서 의 복을 구해오도록 하였다. 정용기 자신은 본진 150여 명을 이끌 고 죽장면 매현리(梅峴里)에 유숙하며 휴가를 간 장병들의 귀대 를 기다리고 있었다. 그런데 1907년 10월 6일(음력 8월 29일) 오 후 4시에 갑자기 척후로부터 '우리를 추격하는 일본군이 청송에 서 죽장으로 이동한다'는 보고를 받았다. 이에 정용기는 일본군 이 만약 죽장면으로 들어온다면 중심 마을인 입암리에 유숙하리 라 예측하고, 당시 매현리 본영에 함께 있던 부장 중 우재룡·김 일언·이세기 등에게 각기 부대 하나씩을 이끌고 적소에 매복하 여 있다가 적의 길목을 차단하도록 지시하였다. 만약 적이 들어

오기만 하면 10월 8일(음력 9월 2일) 새벽에 입암을 공격할 것이며, 이때 적의 퇴로를 차단하여 적 전부를 섬멸할 계획임도 주지시켰다.

1907년 10월 7일(음력 9월 1일) 정용기의 명을 받은 세 부장은 작전에 따라 명령받은 매복 장소로 향하였다. 그런데 선발대로 나선 이세기 부장이 죽장면 광천(廣川)으로 매복 나갔다가 왜병 수명이 이미 죽장면 소재지인 입암1리 안동권씨 문중 재실에 들어와 있다는 정보를 입수했다. 더군다나 왜병들은 고지기(庫直)인 안도치(安道致)에게 저녁밥을 시켜놓고는 대청인 영모당(永慕堂)에 총을 모아 세워둔 채 보초 없이 모두 누워 쉬고 있다는 것이다. 이세기는 왜군들로부터 주문을 강요받고 닭을 잡아서 재실 앞 개울로 내려와 잡은 닭을 손질하던 안도치로부터 적의 병력이 그리 많지 않다는 것을 확인하게 되었다. 그는 본부에 연락할 필요도 없이 현재의 군사로도 충분히 방심한 적들을 제압할 수 있다고 봤다. 이런 기회가 다시는 없다고 생각한 의병들은 왜군들을 향하여 일제히 선제공격을 가하였다. 갑자기 총소리를 듣고 놀란 것은 인근 매현에 있던 정용기 이하 본진의 군사들이었다. 그들은 매복 나간 군사들이 급습을 당한 줄로 알고 단숨에 달려와 영문도 모른 채 이세기 부대에 합류했다.

의병 150명은 이날 밤 9시 30분 시무나무걸(惹煙林) 소하천 둑을 따라 엎드린 채 왜군들이 있는 영모당 대청을 향해 집중사격을 가했다.[68] 한참 동안의 집중사격 뒤, 일본군의 응사가 없자 의병들은 일본군이 모두 전사한 것으로 판단하고, 원촌(院村)[69] 입암서원 쪽으로 퇴각했다. 의병들은 서원 맞은편에 있는 길옆 주막에서 승전을 자축하며 늦은 저녁밥을 먹었다. 권씨 재실에 들어간 일본군 청송수비대 11중대 미야하라(宮原) 소대가 의병들로부터 공격을 받자 마루 밑바닥에 납작 엎드려서 죽은 시늉만 하면서 처음부터 끝까지 상대방의 동태를 파악하고 있었다는 것을 꿈에도 모른 채였다.

이날 의병들은 사정거리로 인정할 수도 없는 100여 미터 밖 원격사격으로 러·일전쟁을 치른 경험이 있는 일본군 청송수비대 병력을 건드리기만 했던 셈이다. 상대방이 오합지졸이라는 것을 파악한 소대장 미야하라 소위는 치밀하게 의병들의 움직임을 주시하였다. 이들은 의병들이 그곳으로부터 약 1.5km 떨어진 입암서원 앞 주막에서 술과 야식을 먹으며 방심하고 있다는 사실까지 파악을 하였다. 상대방에 대한 정보를 충분히 파악한 수비대는 10월 8일(음 9월 2일) 오전 0시 20분부터 공세로 전

---

68 『보병제14연대 진중일지』에 '이날 밤 9시 30분 鄭寬汝(정용기)가 거느린 의병 150명으로부터 기습을 받았다'라고 되어있다.

69 입암서원이 있는 마을을 원촌이라 했다.

환하였다. 고성능 무라다(村田) 연발총으로 무장한 일본군 수비대는 주막을 둘러싸고 집중사격을 가하였다. 의병들의 화승총과 창칼은 이들 앞에서는 무용지물이었다. 화력과 전술로 비한다면 일본군 1명이 의병 100명을 상대하고도 남았다. 9월 초하루여서 달빛도 없었다. 그때 의병들은 대부분 흰옷을 입고 있었고 왜군들은 검은 군복을 입고 있었으니 여기에도 결정적으로 불리한 점이 있었다. 이날 약 4시간 30분 동안 벌어진 입암서원 격전에서 대장 정용기, 중군장 이한구, 참모장 손영각, 좌영장 권규섭 등 수뇌부를 비롯하여 19명[70]의 의병이 한순간에 전사하였다. 반면에 일본군은 2명의 부상자밖에 나지 않았을 정도로 전쟁은 일본군의 일방적 승리였다.[71]

---

70 일본군 14연대 『진중일지』에는 '이날 의병 사살자는 정용기 의병장 이하 19명'이라고 되어 있으나, 『산남창의지』에 의하면 입암마을 민가 수십 동이 불타고 민간인도 수십 명이 사살되었다고 하므로 실제 사망자는 30~40여 명에 이른다.

71 이날 전투에 대한 일본군 14연대 『진중일지』의 기록은 상세하다. 청송수비대(대장 제11중대 宮原 소위)는 1907년 10월 3일(음 8월 26일) 흥해분파소로부터 정용기가 이끄는 의병 150여 명이 기계면 가천동의 안국사에 주둔하고 있다는 정보를 입수하고 영일수비대와는 별도로 추격하기 시작하였다. 다음 날인 10월 4일(음 8월 27일) 아침에 출발하여 10시경 안국사에 도착한 수비대는 미리 도착한 영일수비대와 함께 안국사가 의병의 본거지였다는 이유로 소각하는 만행을 저질렀다. 영일수비대는 10월 5일(음 8월 28일) 영일로 돌아왔지만, 청송수비대는 계속 정용기 부대를 추적하여 10월 6일(음 8월 29일) 진보, 청송을 지나 7일(음 9월 1일) 죽장 입암동에서 숙영하였다. 이날 밤 9시 30분 정용기가 거느린 의병 150명으로부터 기습을 받았지만, 오히려 8일(음 9월 2일) 오전 0시 20분부터 공세로 전환하여 의병들이 머물고 있던 진영을 치고 정용기 의병장 이하 19명을 사살하였고, 이 전투에서 일본군은 부상 2명에 그쳤다고 기록되어 있다. 청송수비대 제11중대 미야하라(宮原) 소대는 이 전공으로 10월 14일(음 9월 8일) 제14연대장으로부터 상장을 받았다.

1907년 10월 7일(음 9월 1일) 밤 9시 30분경부터 10월 8일(음 9월 2일) 새벽 2시경까지 약 4시간 30분 동안 격전을 벌이다가 대장 정용기, 중군장 이한구, 참모장 손영각, 좌영장 권규섭 등 수뇌부 19명을 비롯하여 수십 명의 의병과 주민이 일시에 순국한 포항시 북구 죽장면 입암리 산 21번지 입암서원 일원. 이날의 전투를 산남의진입암지변(山南義陣立巖之変)이라고 일컫는다.

입암마을 수십 동의 민가도 소실되었다. 그것도 모자라 일군들은 양민 수십 명까지 학살하고 동민들이 보관하고 있던 귀중품들을 약탈해갔다. 입암전투는 패전의 참화를 전국에서 가장 먼저 겪은 의병항전이었다.

최세윤은 흥해 집에서 입암전투의 패전 소식을 들었다. 그는 각병(脚病)이 아직도 회복되지 않아 움직이기조차 힘들었음에도 간신히 죽장 입암까지 달려가 통곡했다. 최세윤은 정순기 등 모든 장병과 함께 죽장 매현리 유지 월성 손씨 문중에 머물며 그들과 협의하여 순국한 정용기의 시신을 수습하여 욕학담(浴鶴潭, 학소) 북쪽 인학산 기슭에 장사지냈다. 이한구의 무덤[72]도 그 부근에다 안치하는 한편 그 외 장병의 장의(葬儀)를 집행하였다.

---

72 이듬해(黃猿=戊申年, 1908년) 늦은 봄에 최세윤은 권대진(權大震), 정화재(鄭華再), 정진소(鄭鎭韶) 등과 함께 현지에 가매장 해 두었던 이한구를 죽현산(竹縣山)에 장사지냈다.

정환직(鄭煥直) 2대 대장으로 추대되다

1907년 10월 8일(음 9월 2일) 새벽, 정환직은 영일 기북면 막실[73]에 있는 처남 이능추의 집에서 입암전투의 비보를 접하고 놀란 나머지 황급히 현장으로 달려갔다. 입암서원에 도착하여 확인한 아들 정용기의 시신에는 총상이 10여 군데나 있었고, 핏자국이 서원의 온 집안에 퍼져 있었다. 정환직은 아들의 시신을 안고 '너희들이 어찌 먼저 이 지경이 되었느냐?'라며 통곡하다가 입은 옷을 벗어 아들의 몸에 걸쳐주고, 주변을 둘러보며 군례로 장례 치를 것을 명하였다.[74]

정용기가 체포되었다가 석방되어 재기한 지 5개월 만에 또다시 의진은 흔들리기 시작했다. 입암전투로 의진의 지휘부가 무너지자 남은 장령들이 정환직에게 의진을 이끌어 줄 것을 간곡히 청하였다. 정환직도 의진 총수로서 지금까지 이를 총괄해 왔던 만큼 더는 사양하지 못하고, "자식이 있어 나라를 위해 목숨을 바쳤으니 나는 참으로 유감이 없다. 그러나 오늘의 원수는 국가적으로나 개인적으로나 모두 원한이 깊구나"라며 제2대 대장

---

73 포항시 북구 기북면 용기리를 말한다. 약동산(藥東山)을 배경으로 하천 양쪽에 막실(幕室)과 신기(新基)라는 자연부락을 1914년 합하여 용기(龍基)라 하였다. 기북면의 중심 마을이다.

74 『산남창의지』(하), p.9

직을 맡았다. 그때 정환직의 나이 64세였다.

아들의 죽음은 정환직에게 대일항쟁투쟁을 한층 더 가열시키는 계기가 되었다. 아들이 전사한 바로 다음 날인 10월 9일(음력 9월 3일) 정환직은 약 60명의 의병을 이끌고 청하 분파소부터 공격하였다. 이날 그곳에서 순검 박성호(朴成鎬)를 납치하여 현지에서 총살하고 분파소를 소각했다.[75]

1907년 10월 9일(음력 9월 3일)부터 정환직은 대진을 보현산 인근 지대에 집결하도록 하고, 여러 장령 및 종사(從事)들을 각지로 보내 군사와 군량을 다시 모으고 적세를 탐지하도록 했다. 모아온 의병들에 대한 훈련은 군인 출신 우재룡·김성일·김치현 등에게 맡겼다. 김일언과 박문선을 청송으로 보내어 서종락 부대를 돌아오게 했다. 홍우섭 등을 부산으로 보내 화약을 구해오도록 했고, 정춘일은 하양에서 여러 사람을 모아왔다. 손선일과 손양윤은 대구로 가서 경성의 소식을 수소문하여 돌아왔다. 장성우와 손기찬은 인동에서 모병했고, 최기보와 최치환 등은 영일 죽장에서 병사와 군수품을 모아왔다. 박광과 김태환 등은 포항으로 가서 정보를 탐지하고 왔고, 김성극과 김진영은 의성에서 각 군사를 모아왔고, 기계(杞溪)에서 모병 활동을 하던 이종곤

---

75 『폭도사편집자료』, 『독립운동사자료집』 3, p.557, 571

도 돌아왔다. 이규환이 진보에서, 이규필이 안동에서 구한서는 영덕에서 여러 사람을 모집했다. 또 기계 사람인 이상호는 경주에서 의병을 모아오고 화승총 80정과 백미 200석까지 조달했다. 최익문과 정완성은 영천에서 여러 사람을 모아왔다. 이세기는 경주로 가서 장기(長鬐)로 지나오면서 군사를 모아 돌아왔다. 통모(通謀)를 담당하던 흥해 최세윤도 진영에 합류했다. 이규상은 연해(沿海)로 가서 해상의 정보를 탐지했으며, 이석선(李錫善)·정한준(鄭漢駿)과 같은 14~15세의 소년도 진에 가담하여 재편된 의진 진용을 갖추었다.[76]

한편, 이런 정환직의 움직임은 초창기부터 일본수비대에 포착되고 있었다. 청송수비대는 '정관여[77]의 잔당들이 여기서 남방으로 100리 되는 곳에 있다. 정관여의 부친 정환직이 복수의 목적으로 의병을 모집 중인 것 같다'라고 상부에 보고했다. 그뿐 아

---

76 대장 : 정환직(鄭煥直), 중군장 : 이세기(李世紀), 참모장 : 정순기(鄭純基), 도총장 : 구한서(具漢書), 도포장 : 고찬(高燦), 선봉장 : 우재룡(禹在龍), 후봉장 : 박광(朴匡), 좌영장 : 이규필(李圭弼), 우영장 : 김치현(金致鉉), 연습장 : 김성일(金聖一), 소모장 : 김태환(金泰煥), 좌익장 : 정래의(鄭來儀), 우익장 : 백남신(白南信), 좌포장 : 임용상(林龍相), 우포장 : 이규환(李圭桓), 전초장 : 임병호(林秉浩), 별동대장 : 안흥천(安興千), 장영집사 : 이규상(李圭相), 참모집사 : 이두규(李斗圭), 군문집사 : 임창규(林唱圭), 장영수위 : 배연집(裵淵輯), 교외집사 : 박경화(朴敬化), 점군검찰 : 안수원(安守元), 통모종사 : 정완성(鄭完成), 진군지휘 : 홍우섭(洪禹燮). 이외에도 제1초장(哨長)으로 조재술(曹在述), 제2초장으로 남경숙(南敬淑), 제3초장으로 안흥천(安興千), 제4초장으로 김경문(金敬文)을 임명했다.

77 정용기를 말한다.

1907년 11월경 흥해분파소에서 근무하던 경찰관들이 정환직 의병대의 공격을 피해 가족들을
인솔하여 포항으로 피신한 모습.

니라, '그중 3분의 1은 군복을 착용하고 서구식 총을 휴대하였으며, 나머지는 한복에 화승총을 가지고 있다'[78]라고 보고하며 정환직 의진의 구성원과 규모, 무기의 종류까지 정확히 파악하고 있었다.

정환직은 의진을 재편하고, 1907년 10월부터 본격적인 활동에 들어갔다. 의진은 청송 보현산과 영일 북동대산(北東大山)을 거점으로 삼았다. 이곳은 오늘날 청송군·영덕군·영천군·포항시(영일군)의 접경지로 공격과 후퇴가 쉬울 뿐 아니라 진영을 분산·집합시키는 데에도 적합한 천혜의 요충지였다. 그러므로 일본 토벌대의 기습에 대응하고, 인접 지역을 통한 군사 정보 및 군량미 등 군장비 확보에도 유리한 곳이었다. 더욱이 병사들이 대개이 지역 출신들이어서 지형에도 밝았을 뿐만 아니라 주민들과도 낯설지 않았다.[79] 특히 포항 기북면 막실에는 정환직의 처가가 있었고, 죽장 상옥마을에는 동서인 손수욱과 구칠서가 있어 믿을 만하였다. 또한, 청하에는 친동생인 정환봉이 있었고, 막역한 친구인 이순창도 있었다.

---

78 『보병제14연대 진중일지』, 1907년 10월 26일(음 9월 20일) 기록
79 권영배, 「산남의진의 활동과 성격」, 『포항문화』(포항문화원) 제12호, 2016, p.23

본격적인 진용을 정비한 정환직은 1907년 10월 16일(음력 9월 10일) 약 200명의 의병을 이끌고 흥해분파소를 공격하여 적 수명을 잡아 죽이고 분파소 및 관계 건물을 소각하였다. 10월 29일(음력 9월 23일) 다시 의병 약 150명을 인솔하여 흥해 분파소를 습격하여 우편국과 분파소를 불태우고 소장 이치하라 다메타로(市原爲太郎) 및 그의 처 지요(千代)와 딸 우시키쿠(午菊)를 총검으로 살해하고 그곳에 보관된 돈 300여 관(貫) 및 기타 군수물을 빼앗고, 건물 13동을 불태웠다. 살아남은 일본 순사들은 겁에 질려 가족들을 인솔하여 포항으로 피신해버렸다.

11월 3일(음력 9월 28일)에는 의병 약 50명으로 영천 신령을 공격하여 분파소에 보관하던 총기 60여 정을 빼앗고 분파소 및 순검의 주택을 소각하고 이튿날에는 군위군 의흥(義興) 분파소를 습격하여 분파소를 불태우고 총기 49정을 빼앗았다. 다시 청송으로 가서 11월 8일(음력 10월 3일) 청송군 유전(楡田)에서 일본군을 만났으나 패전하여 무기 131정을 빼앗기고 의병 조재술은 좌측 다리에 관통상을 당하였다. 그런데도 11월 11일(음력 10월 6일) 청하에서 영천수비대와 교전하였고, 11월 16일(음력 10월 10일) 정완전(鄭完全)·우재룡과 함께 흥해를 습격하여 분파소를 불태우고 일본 순사 곤지(權治) 및 한국인 순검 정영필(鄭永弼)

을 죽이고 순사 숙사 2동, 한인 순사 가옥 1동, 관유 건물 3동을 소각하였다. 그 이틀 후에 다시 청하군 읍내를 공격하여 순검 김학윤의 의복 및 관급품을 빼앗고는 연이어 흥해 분파소를 공격하여 적 2명을 잡아 죽이고 무기를 압수하였고, 분파소 및 관계 건물 3동을 소각하였다. 12월 5일(음력 11월 1일)에는 영덕군 주방(周防)에서 일본군 영덕분견대를 야간에 습격하여 격파하였으나 12월 6일(음 11월 2일) 새벽에 일군경의 기습으로 의병 제2초장 남경숙(南敬淑)이 전사하는 아픔을 겪기도 했다. 이날 의병들은 마산(馬山 : 이전평 동방 약 4리)으로 퇴각하였다. 이튿날 남경숙의 전사에 격분한 정환직이 낮에 부하 83명을 데리고 영덕을 역습하였다. 이때 무기 28정을 빼앗고, 쟁암동(靜岩洞)에서 적 2명, 유암동(酉岩洞)에서 적 1명, 도천동(道川洞)에서 적 4명을 잡아 죽인 후 영덕읍의 분파소 및 관계 건물을 소각시켰다. 이에 일본군은 바닷길을 이용해 도망하였다. 영덕에서 일본군이 패하여 도망가자 정환직은 본진을 이끌고 청하로 회군하였다.

이 무렵 일본군은 계속 지원을 받아 그 기세가 강성했던 반면, 의진은 탄약과 장비가 고갈된 상태였다.[80] 더욱이 「한국민 일반

---

80 『산남 창의지』(하), p.13

에 대한 고시」[81]가 공포된 이후였으므로 이제는 민중들의 협조나 지원도 기대하기 어려운 실정이었다. 정환직 부대의 관동으로의 북상계획은 현실적으로 좌절되었고 눈앞에 있는 적과 투쟁하기에도 힘겨웠다.

1907년 12월 8일(음 11월 4일) 청하군 각전(角田, 뿔밭)에 모인 의병들에게 정환직은 힘겨운 결정을 내렸다. "내가 먼저 관동에 들어가 여러분들을 기다릴 것이니 여러분들은 각지로 나아가 탄약과 의복 등을 구해 관동으로 들어오라."라고 명했다. 이에 따라 의병들은 별도로 계획을 세워 혹은 상인으로 혹은 농부로 변장하여 각지에서 탄약을 구한 뒤 관동지방에서 다시 회합하기로 기약 없는 약속을 하고 소부대별로 헤어졌다.[82]

---

81 주차군사령관은 1907년 9월 「한국민 일반에 대한 고시」를 발하여, '한국 황제의 성지를 받들어 비도를 격멸해서 서민 대중을 도탄에서 구하려고 한다.'는 목적을 밝히고, 비도에 대해서는 '귀순하는 자는 감히 그 죄를 묻지 않고, 또 그것을 포박하거나 그 소재를 밀고하는 자에게는 반드시 상을 줄 것이나, 만약 완고하게 깨닫지 못하고 비도에 투신하거나 또는 그것을 숨기고 혹은 흉기를 감추어 두는 자는 가차 없이 엄벌에 처할 뿐 아니라, 그 책임은 현행범의 마을로 돌려 부락 전체를 엄중하게 처치할 것을 깨우치게 한다.'고 하였다. (「폭도사편집자료」『독립운동사자료집』 3, p.671)

82 『산남창의지』(하), p.13

정환직, 포항 죽장 상옥에서 체포되어 순국하다

청하군 뿔밭에서 소부대로 나눈 의병들은 각자 무리를 이루어 일본군을 공격하면서 나름대로 북상을 시도했다. 1907년 12월 9일(음 11월 5일) 손수조를 포함한 200명의 의병이 이석이의 지휘로 청하군 청하읍을 공격하였다. 그날 정환직도 직접 가담해 의병 20여 명을 이끌고 청하 금정리를 통과하던 중 일본군을 만나 교전 끝에 부하 8명이 전사하는 불행을 겪었다. 정환직은 남은 부하 10여 명을 해산시킨 후 6명만 데리고 청하군 북면 고천동(高川洞)[83]에 사는 동서(同婿) 구칠서의 집[84]으로 갔다. 나머지 분산된 의병들은 뿔밭에서 고개를 넘어 상옥을 거쳐 영덕 옥계계곡을 지나 개별적으로 북상했다. 그러나 불행히도 1907년 12월 10일(음 11월 6일) 옥계계곡 끝머리에 있던 영덕군 대서면 옥녀암동[85] 민가에서 북상하던 정환직의 부하 이봉수(李鳳守)와 박

---

83 고천동은 '고내' 혹은 '고래'라고도 하는데, 포항시 북구 죽장면 상옥리의 옛 이름이다. 과거는 경주부에 속하였고 1906년 청하군에 속하였다. 고내를 이두식으로 표현하면 '高川'인데, 아마 일본군들이 '占川'으로 잘못 표기한 듯 하다. 옛날에는 고천동(高川洞) 혹은 고촌동(高村洞)이라고도 하였다.

84 정환직은 상옥(고천)에 동서가 2명 있었는데, 상옥1리에 막내동서인 구칠서가, 상옥2리에 큰 동서인 손수욱이 각각 살고 있었다. 손수욱의 손자인 손용익의 진술에 따르면 정환직은 상옥2리에 있는 자신의 할아버지 손수욱 집으로 먼저 찾아왔으나 이날이 고조부 입제라서 구칠서의 집으로 갔다고 한다. 한편 『산남창의지』에는 정환직이 민가에 숨어 병을 요양하다가 적에게 잡혔다고 적혀있다.

85 현재는 영덕군 달산면에 소속된 옥계의 침수정(枕漱亭)에서 포항 죽장면 하옥리 방

기원(朴基元)이 미리 정보를 알고 포위망을 좁혀오던 일본군 보병 14연대 11중대에 포로로 잡혔다. 니시오카 중대장이 이끄는 11중대는 이들을 고문하여 정환직의 움직임과 각 부대가 사방에 흩어져 은신해 있다는 사실을 알아냈다. 정환직의 은신처를 알아낸 니시오카는 이날 오후 1시경 바로 부대를 출동해 오후 5시에 마두전(馬頭田)[86]에 도착하여 숙영하였다. 이들은 다음날인 1907년 12월 11일(음력 11월 7일) 오전 4시 30분에 출발, 날이 밝기 전에 상옥마을 북쪽 끝에 있는 솔밭에 도착하였다.[87] 오전 5시 30분, 날이 밝아오자 니시오카 중대장은 좌·우·중앙으로 3개의 척후대를 만들어 상옥리 계곡에 산재해 있는 90여 호에 달하는 민가를 수색하기 시작했다.

한편, 정환직은 전날 상옥1리에 있는 구칠서의 집에서 하루를 묵었다. 구칠서는 정환직의 막내 동서로서 그곳 솔안마을에서 부자로 알려진 사람이었다. 상옥에는 정환직의 바로 아래 동서인 손수욱도 살고 있었다. 그 역시 상옥2리 마을에서 부자로

향으로 조금 떨어진 계곡 서편 마을을 말한다. 발음상 '옥년암'또는 '옥녀남'이라고 하는데, 일본군 14연대 『진중일지』 등에는 '옥녀남'이라고 표기하고 있다. 죽장 하옥리에서 옥녀암을 지나면 영덕이나 청송방면으로 연결된다. 이 길은 영천, 죽장 등지에서 청송, 영덕으로 가던 지름길이다.

86 포항시 북구 죽장면 하옥리에 있다. '마두밭'이라고도 한다.

87 포항시 북구 죽장면 상옥2리이다.

알려져 있었다. 전날인 동짓달(음력 11월) 초 6일, 정환직은 먼저 손수욱의 집으로 찾아가 머물기를 원했으나 마침 이날은 손수욱의 조부 제삿날 입제였다. 부득이 그곳에서 약 2km 남짓 떨어진 막내동서 집에서 하룻밤을 묵게 된 것이다. 정환직은 같이 데리고 온 의병 6명을 턱골바위 고개[88]에 배치하여 적의 동태를 살피게 했다. 이 바위산은 사람들이 걸어서 넘어야 하는 구릉지역으로 매복하기에는 최적의 장소였다.

1907년 12월 11일(음 11월 7일) 새벽에 일어난 정환직은 점괘를 빼어보았다. 사방이 빽빽이 막혀 도저히 솟아날 구멍이 없다는 괘가 나왔다. 아침 8시 30분경 정환직은 급히 구칠서의 집을 빠져나와 그곳에서 북쪽으로 약 500m 떨어진 턱골바위 매복지로 갔다. 이때는 이미 일본수비대가 상옥2리 쪽에서 그곳을 향하여 내려오는 중이었다. 이를 본 의병 보초 중 몇 명이 지레 겁을 먹고 산등성을 향하여 도망치기 시작했다. 도망가지 않고 현장에 남아있던 3명의 의병은 정환직을 보호하기 위하여 끝까지 응사하였으나 일부는 현장에서 즉사하고 일부는 체포되었다. 정환직 역시 이날(1907년 12월 11일) 오전 8시 40분경 일본군들에

---

88 현지 사람들은 이곳을 '보(洑) 모퉁이'라고 한다.

게 체포되었다.[89]

　일본군 수비대는 목과 사지를 갈가리 찢어 누구 시체인지 분간하지 못할 정도로 훼손한 의병의 시신 3구를 현장에 둔 채 정환직만 데리고 떠나버렸다. 이 시신들은 3일간 현장에 방치되다가 왜군들이 완전히 철수한 것을 확인한 마을 주민들이 대충 사지와 목을 맞추어 관도 없이 그곳에 묻었다.[90] 이들이 끝까지 목숨을 걸고 정환직을 보호하기 위해 항전한 것으로 보아 산남의진 본부에 속한 심복이었을 것으로 추정되나, 그들이 누구인지는 아무도 모른다. 현재도 초라하게 방치된 그 무명용사들 합장묘에는 사단법인 최세윤 의병대장 기념사업회와 포항의 몇몇 뜻있는 사람들의 친목 단체인 '일월충의회'가 상옥리 주민들과 같이 매년 6월 6일 조촐한 추모 행사를 하고 있다.

　체포된 정환직을 구하려는 의병들의 노력도 있었다. 이석이(일명 : 이세기) 등은 정환직이 체포되었다는 급보를 듣고 날쌘 자 수십 명을 뽑아 하양(河陽)으로 달려가 '물덤이' 강가 요로에 매

89　일본군 보병 14연대 『진중일지』 1907년 12월 18일. 「적괴 정환직 생포」에 관한 보고서
90　상옥리 거주 손무호, 손용익 등의 진술이 있었다. 정환직의 체포과정과 무명용사 3인 묘에 얽힌 이야기는 상옥리 주민들 사이에서는 현재까지도 마치 어제의 일처럼 생생하게 입에서 입으로 전해져 내려오고 있다. 위 3인 무명용사 묘는 도로확장 공사로 이장해야 할 상황이 발생하자 손용익 등이 처음 있던 곳에서 조금 떨어진 하천부지로 옮기는 과정에서 3인 합장묘를 만들었다. 이장 당시 무덤 안에는 관을 사용하지 않았음인지 유골이 거의 없었다고 한다. (손용익의 진술)

산남의진 항일순국 무명 3의사 총. 포항시 북구 죽장면 상옥리 길가에 방치된 채 있어 안타까움을 전한다. 사단법인 최세윤 의병대장 기념사업회와 포항의 몇몇 뜻있는 사람들의 친목 단체인 '일월충의회'가 상옥리 주민들과 같이 매년 6월 6일 조촐한 추모 행사를 해오고 있다. (2021. 6. 6. 추모제 모습)

복하였다가 정환직을 구하려 했지만, 정보를 알아차린 일군들이 그쪽 길로 오지 않아 목적을 이루지 못하였다.[91]

정환직은 청하군에 있던 수비대에 인치되었다가 1907년 12월 17일(음력 11월 13일) 대구로 호송되던 중 영천 남교(南郊)에서 총살되었다.[92] 산남의진의 총수이자 제2대 의병대장이었던 정환직이 일본군에게 재판도 없이 총살당함으로써 산남의진은 또다시 큰 시련을 맞게 되었다.

정환직이 순국하던 날에는 겨울임에도 큰 우레가 일어나며 폭우가 쏟아졌다. 비보를 들은 산남의진 용사인 이용훈(容勳)·김석구(金錫龜) 등이 위험을 무릅쓰고 영천 조양각 앞 강가로 가서 정환직의 시신을 염습하여 고향인 검단마을로 돌아왔다.

그로부터 수년이 흐른 후 정환직·정용기 부자(父子) 고향마을 이름이 '검단동'에서 '충효동'으로 바뀌었다. 일제강점기임에도 불구하고 용기있는 사람들이 두 부자의 자취를 숭모하여 동네 이름을 그렇게 바꾼 것이다.

---

91 『산남의진유사』, p.491

92 『山南倡義誌』下, p.13, 28에 의하면, 정환직이 순국한 일자가 1907년 음력 11월 16일(양 12. 20)로 알려져 왔으나, 『진중일지』 I , p.619의 기록에 의하면 1907년 음력 11월 13일(양력 12월 17일) 임이 확인된다.

정환직이 일본 군사들에게 총살을 당함으로써 대장이 없는 과정에서도 산남의진 의병들의 투쟁은 계속 이어졌다. 1907년 12월 19일(음 1907년 11월 15일) 이석이와 손수용 등 15명이 청하군 죽남면 두마리에 가서 군자금을 조달해 오고, 12월 24일 영천군 자인면 정자동에서 의병 150명이 격문을 배포하며 의병을 모집하던 중 자인수비대와 충돌하였다. 12월 하순에는 정완성 외 의병 수십 명이 경주군 강서면 두동과 강동면 양동에서 군자금을 조달해 왔고, 김응용(金応用) 등 의병 54명은 신광면 우각동, 기계면 칠성동 등에서 군자금을 조달해 왔다. 1908년 1월 8일 의병 약 30명이 영천 북안면에서 일본인 오우라 다쓰조(大浦辰藏)를 살해하였다. 1월 12일 손수조 등 의병 200여 명이 이석이의 지휘로 청하주재소를 공격하였으나, 의병 19명이 전사하는 피해를 보았다. 의병들은 이에 굴하지 않고 이튿날 의병 수십명이 흥해순사주재소를 습격하여 일본인 순사 1명과 한국인 순사 1명을 총살했고, 1월 25일 의병 약 50명이 의성분파소의 적수비대를 습격했으나 소득 없이 퇴각하였다. 같은 날 이진규 등의병 수십 명이 청하군 순사주재소를 습격하였으나, 이진규가 체포되는 비운을 겪기도 했다.

최세윤(崔世允) 제3대 산남의진 대장이 되다.

　2대 대장 정환직이 순국한 후 정순기와 이석이 등 산남의진의
수뇌부들은 흥해 천곡사(泉谷寺)에 모여 최세윤(崔世允)[93]을 3대
대장으로 추대하기로 의견을 모았다. 이는 순국한 정환직의 생
전 유언에 따른 것이다. 이들은 1908년 2월 3일(음력 1월 2일) 보
현산 거동사(巨洞寺)에서 지금껏 의병투쟁을 하다 순절한 영령들
의 위령제와 함께 최세윤 의병대장 추대식을 거행함으로써 최세
윤은 산남의진의 3대 대장이 되었다.[94]

　최세윤이 의병대장으로 취임했을 이 무렵, 전국의 의병 활동
양상은 독자적이고 분산적인 지구전 형태를 취하고 있었다. 그
이유는 1907년 12월, 13도 의병연합부대(약 1만 명)의 서울 진공
계획이 실패로 돌아감으로 인해 13도 창의대진소(13道倡義大陣
所)가 해체되었기 때문이다. 또한, 군대해산 이후 감행된 일본군
경의 초토화전술(焦土化戰術)[95]과 야만적인 살육작전(殺戮作戰)은

93　최세윤은 일명 세한(世翰)이라고도 하며, 자는 성집(聖執), 호는 농고(農皐)이다. 최
　　세윤은 흥해최씨(興海崔氏)로 1867년 11월 10일 아버지 재순(再淳)과 어머니 경주
　　최씨 사이에서 태어났다. 태어난 장소는 흥해군 곡성리(曲城里) 160번지라고 한다.
　　흥해 곡성리는 1914년 개편 시 학성리(學城里)가 되었고, 현재는 포항시 북구 흥해
　　읍 중성리(中城里)이므로 중성리 160번지가 최세윤의 생가터가 된다.

94　『산남의진유사』, pp.314~315

95　일본 주둔군사령관은 1907년 9월 '한국민 일반에 대한 告示'를 발하여 「비도에 대해

의병 활동을 더욱 어렵게 만들었다. 하지만 일본군의 총공세에 잠시 위축되었던 의병투쟁은 1908년 3월 친일배한론자인 스티 븐스가 재미동포 의사 전명운(全明雲)과 장인환(張仁煥)에 의해 미 국에서 살해된 것을 계기로 그 사기가 고조되었다.

의병들의 기세가 다시 오르자 이에 맞서 일본 정부는 1908년 5월경, 종래 1개 사단, 1개 여단, 기병파견대, 그리고 2,000여 명의 헌병 외에 일본군 제23연대와 제27연대를 증파했다. 동시 에 군대·헌병·경찰을 조선주차군사령부(朝鮮駐箚軍司令部)가 통일 적으로 지휘할 수 있게 조처하고 일진회원(一進會員)을 비롯한 친 일분자로 구성된 4,000여 명의 헌병보조원을 모집하였다.[96] 일 본 측의 이런 조처들로 인해 각 의진은 또다시 시련에 부닥치게 되었다. 이러한 여건변화에 따라 각 의진은 점차 소수부대 활동 으로 분산되고 다원화된 유격전법을 구사할 수밖에 없었다.

이런 추세에 맞추어 최세윤은 지역 사정에 밝고, 지형의 이점 을 십분 활용할 수 있는 해당 지역 출신 의사(義士)들 중심으로

서는 귀순하는 자는 감히 그 죄를 묻지 않고, 또 그것을 포박하거나 그 소재를 밀고 하는 자에게는 반드시 큰 상을 줄 것이나, 만약 완고하게 깨닫지 못하고 비도에 투신 하거나 그것을 숨어서 피함시키고 혹은 흉기를 장닉(藏匿) 시키는 자는 가차 없이 엄 하게 벌할 뿐 아니라 그 책임은 현행범의 촌읍으로 돌려 마을 전체를 엄중하게 처치 할 것을 경고하였다. 이 고시에 따라 충청북도 제천(堤川)지방 같은 곳은 거의 초토 화되고 말았다.(『朝鮮暴徒討伐誌』, pp.671~672)

96 『매천야록』, 卷之六, 융희2년 戊申條. '選置憲兵補助員于十三道各郡 十許人, 或四五 人, 後其饒而崇其級, 各地惡少爭赴之'

조직을 개편했다. 작전 목표도 애초 목표인 관동으로의 북상을 포기하고 경상도 일대만이라도 거점을 확보해 지구전을 펼치기로 작전을 변경했다. 우선 본부부터 장소를 옮겨야 했다. 그동안 주로 본부로 이용한 북동대산과 보현산 일대는 이미 일본수비대에 정보가 노출되어 있었다. 최세윤의 머릿속에는 수비대의 경비가 상대적으로 약하면서도 교통이 불편한 남쪽 벽지 포항시 남구 장기(長鬐)가 가장 적합한 지역으로 떠올랐다. 무엇보다도 이곳은 산남의진의 정보에 밝은 청송수비대를 따돌릴 수가 있을 뿐만 아니라 그곳에는 이미 장헌문(蔣憲文)이 이끄는 장기의진(長鬐義陣)이 활동하고 있어 연합작전 구사도 가능했다.

최세윤은 여러 장수와 더불어 투쟁지역을 배정하였다. 이에 따라 의진 조직을 본부와 지대로 나누고 본부는 장기 남동대산(南東大山)[97]을 중심으로 경주·울산·흥해·포항지역을 담당하면서 각 지대를 총괄하고, 각 지대는 책임자를 선정하여 그 책임자가 본부와 연락을 취하면서 유격전을 펼치는 작전을 세웠다. 이에 따라 우선 본부의 부서를 작전에 맞게 편성했다.[98]

---

97 경주 무장산, 함월산, 토함산, 포항의 운제산과 연결된 산. 1896년부터 1914년까지 남동대산과 토함산 일대의 행정구역은 장기군이었다. 현재는 경주군 양북면 일대이다. 이곳은 산악을 이용하여 경주, 양남, 양북, 울산, 대구 등지로 쉽게 이동할 수 있다.

98 대장 : 최세윤(崔世允), 중군장 : 권대진(權大鎭), 참모장 : 정래의(鄭來儀), 소모장 : 박완식(朴完植), 도총장 : 이종곤(李鍾崑), 선봉장 : 백남신(白南信), 연습장 : 김성일(金聖一), 좌영장 : 김성극(金聖極), 우영장 : 홍구섭(洪龜燮), 후봉장 : 최치환(崔致煥),

이때 편성된 인물들은 대부분이 일찍부터 산남의진에서 활동해 오던 핵심인물들이지만, 중군장 권대진, 소모장 박완식, 후봉장 최치환, 좌영장 김성극, 군문집사 허서기(許書記)[99] 등이 신진 인물로 등장했다. 권대진은 1906년 3월 정용기가 산남의진을 결성할 때 박한종(朴漢宗)과 함께 영산·청도 등지에서 의병 초모(招募)와 군수품 조달 등의 활동을 하였는데 몸이 아파 입진(入陣)을 못하고 있다가 1908년 봄 최세윤을 따라 입진했다. 김성극은 일찍이 이석이를 따라 입진하여 활동해 온 인물이다. 또 박완식은 영천 고촌(古村) 출신으로 동지 수십 명을 모집하여 1906년부터 활동했고, 최치환은 영일 죽장 출신 포수로서 1906년 자진 입진하여 모병과 군수물 모집에 크게 공헌했다. 유격대장 양제안은 포항 죽장 두마리에서 신명언(申命彦)·장지화(張志和) 등과 병사를 모집하고자 했으나 두 사람이 불응하므로 혼자서 산남의진에 입진했다.[100]

이처럼 최세윤 대장체제는 종전부터 활동해 온 인물들을 중심

　　좌포장 : 최기보(崔基輔), 우포장 : 이규필(李圭弼), 장영집사 : 이규상(李圭相), 군문집사 : 허서기(許書記). (『산남의진유사』, p.329)

99 허서기는 포항 기계면 골말(구지리) 사람으로 집에서 자다가 한밤중에 행방불명되었다. 나중에 그 마을에서 헌병보조원이 한 사람 나왔는데, 이자가 헌병보조원이 되고 싶어서 허서기를 밀고하여 허서기는 졸지에 처형되었고, 밀고한 사람은 그 공로로 헌병보조원이 되었다고 전한다. (1991. 5. 19. 권태한 구술)

100 『산남창의지』(하) 및 『산남의진유사』, 열전 참조

으로 본부 부서를 편제하고, 처음부터 활약했던 중진들을 지역 활동 책임자로 선정했다.[101] 최세윤 자신은 백남신·최기보·권대 진·최치환·이규필·정래의·김성일·김성극 등 주로 정미년 군대 해산 때 해산당한 병 출신 의병을 거느리고 경주 동쪽 남동대산 에 아지트를 틀었다. 본진을 남동대산으로 옮겨 공백이 생긴 청 송 등 내륙 산간지역에는 서종락(徐鍾洛)·남석구(南錫球) 부대가 주로 항전을 이어갔다. 청송 동부는 서종락의 지휘로 주왕산 일 대에서 활동했고, 청송 서부는 남석구의 지휘로 철령(鐵嶺)[102] 일 대에서 활동했다.[103] 영천 서부지역에는 양제안·우재룡(禹在)·손 성일(孫成日) 등이 팔공산 동화사에 진을 치고 유격전을 통한 항 쟁을 계속하였다. 청송 동진과 서진, 그리고 팔공산 분대 외에 도 비학산 분대, 운주산 분대, 구룡산 분대, 토함산 분대, 북동대 분대, 주사산 분대, 보현산 분대, 운문산 분대, 소백산 분대 등이 해당 지역을 맡았다.[104]

---

101 최세윤 : 경주·울산·흥해·포항 남동대산 일대 본부, 서종락 : 청송동부 주왕산 일대 지대, 남석구 : 청송서부 철령 일대, 이세기 : 영천부부 보현산 일대, 우재룡 : 영천서 부 팔공산 일대, 이형표 : 영천남부 구룡산 일대, 조상환 : 신령·화산 일대, 박태종 : 의성·춘산 일대, 남승하 : 군위·효령 일대, 임용상 : 청도·경산·운문산 일대, 손진구 : 경산서부 주사산 일대, 정순기·구한서 : 청하·죽장·기계·북동대산 일대

102 청송군 안덕면 신성리에 있다. '쇳재'라고도 한다. 여기에 청송 서진(철영산 분대)를 편성하여 일군과 맞서게 했다.

103 『산남창의지』(상), p.15

104 『산남의진유사』, pp.330~331, p.385

최세윤은 전술상으로는 유격전법을 구사하며 전체의 원활한 통솔을 위해 다음과 같이 훈령을 발하여 보고체제를 갖췄다.[105]

① 숙영(宿營) 시에는 2명의 보초를 배치토록 하고, 의심스러운 자가 근접할 시는 신속히 숙사(宿舍) 앞의 보초에게 통보하고 각 숙사는 언제나 출발할 수 있도록 준비하여 일본군을 발견하면 마을 끝의 보초가 한 발의 총성으로써 위험을 알리도록 하라. 마을 끝의 보초는 그 부근 가옥에 일시 잠복하여 일본군의 통과를 기다려 본대와 합하도록 조치하라.

② 주간에 보초를 서는 자는 흰옷을 입고 야간에는 검은 옷으로 바꾸어 입고, 우천 시는 연(筵)을 머리에 쓰도록 하라.

③ 만일 일본군에게 포로가 되더라도 의군(의병)의 행동에 관하여는 하나도 자백하지 말라. 만일 이를 위반하는 자는 부모는 물론 그 친족을 모두 참(斬)하고 가옥은 소각하겠다.

④ 의병 수가 100명 이상 모이고 일본병이 10명 이하일 경우에는 기습하여 승리를 기하라.

⑤ 자정 이후부터 3시 반까지의 사이는 일본군이 야습을 기도하는 시

105 「暴徒ニ關スル編冊」, 『韓國獨立運動史』 자료 10, p.279

기이므로 보초가 엄히 경계하여 조는 일 없도록 하라.

⑥ 일본군이 변장한다고 하지만 걷는 모습을 보고 한 번에 한국인과 구별하여 판별할 수 있음을 주지하라.

위의 훈령은 주로 일반적인 전술상의 주의사항과 숙지사항에 대한 훈령이었으나, 가장 주목되는 항목은 의병들에게 '의병 수가 100명 이상 모이고 일본병이 10명 이하일 경우에 기습하여 승리를 기도하라'고 한 것이다. 의병과 일본군 간에는 '10 : 1'이라는 격심한 전력의 차이가 있음을 주지시킨 것이다. 이에 따라 최세윤은 우선 병기 구입에 주력했다. 의진에는 그전에 모아둔 한전 3,500관이 있었다. 이 돈 중 500관을 의진의 부관으로 있던 김석곡의 형(兄) 김석출에게 주어 무기 구매를 의뢰했으나 돈만 떼이고 실패하고 말았다. 이런 여러 가지 악조건 속에서도 최세윤은 400여 명의 의병을 모집하였다. 특히 청하군 죽남면 산현동(山峴洞)[106] 사람들은 전체 호수(戶數)가 41호인데, 의병에 투신한 자가 12명이나 되었다.[107]

---

106 현재의 죽장면 매현리를 말한다.
107 『한국독립운동사자료』 10(의병편3) 「경주수비대에서 체포한 의병 중군장 박대중, 의병포군 류원수의 를 통보함」. (1908. 4월)

최세윤은 의진 본부가 머무를 남동대산 일대의 일본 군경부터 제거해야 했다. 이곳에 이미 주둔해 있던 장헌문 의진이 지역 정세를 샅샅이 파악하고 있었고, 이들로부터 장기읍성 안에 있던 장기순사주재소의 경비인력을 파악할 수 있었다. 장헌문과 연합 작전으로 장기순사주재소를 습격하기로 하고 곧바로 행동에 들어갔다. 1908년 1월 3일(음 1907년 11월 30일) 최세윤은 의병 약 60명을 이끌고 장헌문 의진과 같이 장기순사주재소가 있는 장기읍성을 공격하였다. 이때 순사주재소에는 일본인 순사 모리 이타로(森伊太郎)와 미쓰자키 요시로(光崎喜郎) 두 명이 근무를 서다가 사태를 파악하고 응전하였다. 의병들은 교묘히 장애물을 이용하여 맹렬한 사격을 가했다. 마침내 모리 이타로 순사는 현장에서 복부에 관통상을 입고 즉사했고, 미쓰자키 요시로 순사 역시 중상을 입고 주재소를 비워둔 채 퇴각해버렸다. 의병들은 총 3정과 일본도 2정을 빼앗고, 분파소, 세무서, 우체국, 서기청과 한인 순사 가옥 1동을 불태웠다.[108]

한편, 의병들은 1908년 1월 19일 흥해군 기계면 인비동에서 경주 일진회장인 이홍구(李鴻久)를 살해했다.[109] 이홍구는 포항

---

108 『暴徒에 관한 編冊』(慶南北, 全南北, 忠南北道) 1,「장기군 폭도내습 상보」(1908. 1. 10.). 이춘화의 판결문, 이영성의 판결문.

109 1908년 1월 27일 대구경찰서장이 경시(警視) 도전지조(島田之助)에게 보낸 보고문서인 '일진회장 조난의 건'. 공훈전자자료관, 隆熙 2年 1月 暴徒에 關한 編冊(慶南北,

기북면 율산리에 있는 어머니를 만나고 집으로 돌아가던 도중 이를 알아차린 의병 40명의 공격을 받아 기계면 인비동에서 피살된 것이다. 의병들이 그를 살해한 것은 일진회가 각 면 단위로 자위단(自衛団)을 편성하여 의병을 탄압하였기 때문이다. 의병들은 기계 안국사의 의병 본거지가 영일과 청송수비대에 알려진 것과 의병들의 움직임 하나하나가 수비대의 정보망에 걸려든 것도 그의 짓으로 판단했다. 이홍구의 죽음은 결국 이런 것들과 연계된 것이었다. 이후 최세윤 부대의 활동을 정리하면 아래와 같다.[110]

- 1908년 1월 13일 의병 약 200명을 거느리고 청하 순사주재소를 공격했으나 의병 19명이 전사(戰死)했다.
- 1908년 1월 17일 영천북방 30리 전투에서 의병 50명 중 18명이 전사했다.
- 1908년 1월 20일 경주북방 70리(죽장, 기계 부근) 전투에서 100명 중 27명이 죽거나 다쳤다.

全南北, 忠南北道)

110 『조선폭도토벌지(朝鮮暴徒討伐誌)』와 각종 상황보고, 의병 관련 판결문, 『경상북도고등경찰요사(慶尙北道高等警察要史)』, 일본군 14연대 『진중일지』 등을 참고하였다.

- 1908년 1월 20일 흥해 서쪽 10리 전투에서 의병 30명 중 15명이 전사했다.

- 1908년 1월 21일 경주북방 80리(죽장, 기계 부근) 전투에서 의병 50명 중 11명이 전사했다.

- 1908년 1월 23일 영양 일월산 북쪽 산자락 전투에서 의병 40명 중 9명이 전사했다.

- 1908년 2월 4일 적병이 청송지방으로부터 죽장에 도착하였다는 정보를 입수하고 이세기를 중심으로 의병 수십 명이 새벽에 죽장면 광천(廣川)에서 잠복하였다가 적을 공격하였으나 화약이 부족하였다. 일본수비대의 우수한 무기에 당하지 못하고 박광(朴匡)이 전사했고, 이규환(李圭桓)이 중상을 입었다.

- 1908년 2월 7일 청하군 죽장 입암동에서 의병 약 150명을 거느리고 영천수비대에서 파견된 일본군 7명과 전투를 벌였다. 이 전투에서 의병장 1명과 의병 7명이 죽고, 18명이 상처를 입었다.

- 1908년 2월 12일 흥해 서방 수성동(水成洞)전투에서 의병 약 30명이 일본군 경주수비대 후지노(藤野) 조장이 거느린 종대(縱隊)와 전투를 벌였다. 30분 정도 벌어진 전투에서 의병 6명이 전사하고 다수의 부상자가 발행했다.

- 1908년 2월 14일 청하군 오사리(五舍里) 동편 전투에서 의병 60명 중 23명이 사상을 당하였다.

- 1908년 2월 26일 장기군과 울산군 경계인 효령(孝岺: 장기 남방 약 5리)에서 의병 4명과 장기분견대의 전투가 있었다.

- 1908년 2월 29일 흥해군 북안면 수성동에서 정완생(鄭完生)의 부하 이모(李某)가 거느린 의병 40명이 포항수비대 파견 일본군과 전투를 벌여 5명이 전사하고 20명이 다쳤다.

- 1908년 3월 2일 흥해군 기계면 성법리에서 의병 150명이 포항수비대 파견 일본군과 전투를 벌여 7명이 전사하고 30명이 상처를 입었다.

- 1908년 3월 6일 흥해 부근 전투에서 의병 40명 중 25명이 죽거나 다쳤다.

- 1908년 3월 14일 흥해 부근 전투에서 의병 150명 중 37명이 죽거나 다쳤다.

- 1908년 3월 17일 경주군 인비 서북방 안심동에서 의병 40명이 경주수비대 변장대와 교전하여 9명이 전사하고 2명이 체포되었다.

- 1908년 3월 17일 청하군 죽남면 상뫼현(上山峴) 부근에서 경주 및 포항수비대 연합토벌대와 의병 10여 명이 교전하여 의병 2명이 전사했다.

- 1908년 3월 18일 이진규, 최성집 의병이 영덕에서 일군과 교전했다.

- 1908년 3월 19일 기계 인비 부근 전투에서 의병 120명 중 28명이 죽거나 다쳤다.

- 1908년 3월 19일 죽장면 가사리와 뫼현(山峴)에서 의병 약 130명

이 경주수비대 변장대와 포항수비대 연합척후대의 공격을 받아 의병 8명이 전사하고 의병 20명이 상처를 입었다. 같은 날 죽장면 고천동(상옥)에서 의병 50명 및 청송군 덕동 일대에서 의병 30명과 교전하여 사망 6명, 부상자 10명이 나왔다.

- 1908년 3월 19일 죽장면 고천동(상옥리)에서 의병 50여 명, 청송군 덕동 일대 의병 30여 명이 각 일군을 상대로 교전하여 의병 6명이 사망하고, 10여 명이 상처를 입었다.

- 1908년 3월 20일 경주 서남 40리 전투에서 의병 48명 중 41명이 죽거나 다쳤다.

- 1908년 3월 21일 경주 동방 40리 전투에서 의병 60명 중 54명이 죽거나 다쳤다.

- 1908년 3월 21일 기북면 덕동에서 대장 김순도(金舜道)가 이끄는 의병 30여 명과 경주수비대 전투에서 의병 6명 전사, 10여 명이 상처를 입었다.

위의 전투기록에서도 알 수 있듯이, 최세윤은 1908년 3월 이래 각지 전투에서 일본군과 용감히 싸웠으나 승리보다는 패하는 경우가 많았다. 특히 1908년 3월 6일과 14일 전투에서는 많은 의병을 잃었다. 또 1908년 3월 21일 기북면 덕동(德洞)전투에서 참담하게 패했다. 춘설(春雪)이 내리는 추운 날씨에 갑작스러운 일본수비대의 급습을 받고 경황이 없었던 상황들이 일본 측 보고서에 적나라하게 적혀있다. 패주하면서 의병들은 자신들의 생명과도 맞바꿀 정도로 중요한 극비 문서들까지 현장에 두고 도망갈 정도였다. 이날 의병 명단의 유출로 인해 일본군 수비대는 죽장면 가사리 김순도의 집을 습격하여 김순도의 어머니인 기계 유씨(兪氏)를 납치했다. 김순도는 포수 출신으로 초창기부터 산남의진에 입진하여 뜻을 함께하는 사람들을 많이 모집하였다. 정용기 대장 시절에는 죽장지역 활동책을 맡은 사람이었다. 정순기·구한서 부대가 북동대산에 웅거하여 유격전으로 적을 공격할 때는 김순도가 한 개의 지대(비학산 부대로 추정)를 인솔하고 선봉장으로 활동하기도 했다.[111] 일본수비대는 나이 든 유씨에게 갖은 고문을 하며 김순도의 위치를 찾아내라고 윽박질렀다. 유씨는 끝까지 함구하였고, 결국 유씨는 고문에 못 이겨 1909년 11월 23일 사망했다. 가사리 사람들이 유씨의 시신을 찾아와 매장하려고 확인하였더니, 전신을 칼로 화침(火鍼)을 놓아 죽인 흔적이 역력했다. 동민들이 유씨 집 부근 밭 한구석에 그 시신을 묻어 주는 한편 모두 합심하여 김순도의 의병 활동을 후원했다.

---

111 『산남의진유사』, p.446

하지만 1910년 음력 1월 11일에 김순도는 끝내 일본수비대에 체포되었다. 수비대들은 김순도를 바위 위에 앉혀놓고 부하 의병들의 소재를 파악하기 위해 온갖 회유와 협박도 해 봤지만, 오히려 적들을 꾸짖으며 자기 뜻을 굽히지 않자 칼로 그의 목을 베어 죽였다. 동네 사람들이 그 시신을 찾아와 어머니 유씨의 산소 옆에 묻었다.[112]

이후에도 최세윤 부대와 일본군 수비대와의 끈질긴 전쟁은 다음과 같이 계속되었다.

* 1908년 3월 25일 흥해의 덕산령(德山嶺)에서 최세윤 부대 의병 약 50명이 흥해 수비대 척후대의 공격을 받고 약 2시간의 전투를 벌였다. 이 전투에서 중군장 이모(某), 참모장 최근택(崔根澤) 이하 12명이 전사하고 8명이 상처를 입었다.
* 1908년 4월 1일 영양 동북 30.5리 전투에서 의병 20명 중 7명이 전사했다.
* 1908년 4월 3일 경주 서남 40리 전투에서 의병 100명 중 66명이 죽거나 다쳤다.

---

112 『산남의진유사』, pp.445~446

- 1908년 4월 3일 경주군 내남면 부근에서 토벌대와 의병 60여 명이 교전하여 의병 13명이 전사하였고, 25명이 상처를 입었다.
- 1908년 4월 5일 청송군 가사동에서 의병 170명과 청송수비대 30명이 교전을 하였다.
- 1908년 4월 5일 의성군 옥산면 금동에서 의병 3명이 민가에서 군용금을 조달하였다.
- 1908년 4월 10일 경주 기림사 서방 고지에 주둔하고 있던 의병 약 50명이 경주수비대 토벌대의 공격을 받고 2시간의 전투를 벌였다. 이 전투에서 의병 측은 5명이 전사하고 8명이 상처를 입었다. 또 토벌대의 추격을 받아 3명이 전사하였다.
- 1908년 4월 10일 경주 동남 40리 전투에서 의병 20명 중 13명이 전사하거나 상처를 입었다.
- 1908년 4월 13일 흥해군 북안면(北安面) 수성동(守成洞)에서 의병 30명과 적 변장정찰대 8명이 교전을 하여 의병 1초장(哨長) 윤재만 외 8명이 전사하고 4명이 생포되었다.
- 1908년 4월 13일 달동(達洞) 전투에서 피아가 큰 손실을 보았다.
- 1908년 4월 14일 영천 북방 80리 전투에서 의병 80명 중 19명이 전사하거나 다쳤다.
- 1908년 4월 14일 청하군 죽남면 산현(山峴)에서 약 80명의 의병이 영천수비대의 공격을 받아 5명이 죽고 14~15명이 다쳤다.

- 1908년 4월 17일 청송전투에서 의병 40명 중 18명이 전사했다.
- 1908년 4월 17일 의병장 이세기(世紀)가 이끄는 의병 약 50명이 신광에서 옥산(玉山)으로 이동하던 중 기계 인비(仁庇)의 동쪽에 있는 봉계리 남방에서 경주수비관구 경주북방지구 토벌대의 습격을 받았다. 이 전투에서 의병 9명 전사, 18명 부상, 3명이 체포되어 그중 2명이 사살되었다.
- 1908년 4월 19일(음력 3월 19일) 최산두(崔山斗), 김학림(金鶴林), 오두안(吳斗安), 오문석(吳文石), 정덕출(鄭德出), 서서촌(徐西村), 이물봉(李勿逢) 등이 흥해군 신광면 우각동 일원에서 군자금을 모집하였다.

이처럼 경주 북방지구에서 최세윤 의진이 진압되지 않자 경주수비구사령관은 1908년 4월 14일부터 무네요카(宗岡)를 특무조장(조장 이하 13명)으로 하는 특별토벌대를 편성하여 이들을 포항 기계·기북지역에 파견하였다. 이와 함께 밀정 박재식(朴在植) 외 3명을 투입하여 최세윤에 대한 정보를 수집하기 시작했다.[113] 한인 정보원 박재식은 의병에 대한 정보를 캐고, 심지어 의병을 체

113『한국독립운동사자료』10(의병편3), 四 융희2년(1908) (二) 4월

포해갔다. 이들이 체포한 의병을 고문하여 의진에 대한 정보를 알아내는 수법은 이미 오래전부터 사용해 온 것이다. 일본수비대는 의병 김가곡이 도망가고 없자 그의 처를 대신 잡아 와 고문을 하고 소재를 파악하려 한 악랄한 방법도 서슴지 않았다. 이와 비슷한 행위는 비단 김가곡의 처만 당한 일이 아니다. 앞서 언급한 김순도의 어머니 외에도 의병 손영술(孫永述)[114]의 처도 비슷한 피해를 보았다. 손영술은 임신한 처를 포항 죽장면 침곡리에 혼자 두고 산남의진의 연락병으로 참여하고 있었다. 이를 알아차린 일본 순사들은 그의 처를 데리고 가 처음에는 자수시키면 남편에게 관직까지 주겠다며 회유를 했다. 부인이 말을 듣지 않자 심한 고문까지 하며 남편의 행방을 추궁하였다. 끝까지 함구하자 순사들은 임신한 그의 처를 발가벗긴 채 장터로 끌고 다녔다. 그날 저녁 손영술의 처는 심한 모멸감과 억울함을 참지 못하고 결국 목을 매어 자결하였다. 순사들은 그의 시체를 죽장 매현리[115] 범벅골에 임시로 매장했다. 후에 유족들이 시신을 찾아와 매현의 침곡산으로 이장시켰다.[116]

---

114 손화숙, 손화실이라고도 불린다.
115 뫼현, 또는 산현(山峴)이라고도 한다.
116 손영술의 손자 손진식의 구술을 참고한 것임. 이로 인해 손영술과 본처 사이에는 자손이 없고, 재처인 김해김씨 사이에서 자손을 보았다.

이처럼 의병들은 본인뿐만 아니라 가족들의 생명조차도 위태로운 지경에 이르렀지만, 항거를 포기하지 않았다. 그 무렵 최세윤 의진은 한인 순검(巡檢) 출신인 대구의 주자경이란 사람으로부터 무기를 구매하려고 했으나 돈만 떼이고 실패했다. 그래서일까. 왠지 1908년 4월 말 이후 최세윤 의진의 활동은 눈에 보일 정도로 줄어들었다. 공격다운 전투는 없었다. 주로 군자금 조달을 위한 부분적이고도 국지적인 전투에 그쳤다. 이는 최세윤 의진에 일련의 변화가 있었음을 의미한다. 그 변화가 무엇인지는 1908년 4월 경주수비대가 체포한 의병 중군장 박대중(朴大重)과 의병 포군(包軍) 류원수(柳元守)의 취조 내용[117]에서 그 실마리를 찾을 수 있었다. 최세윤이 1908년 4월 17일 산남의진 본진을 해산하였다는 것이다. 하지만 일본 남부수비관사령관의 1908년 5월 보고[118]에 의하면 이석이·강진수·서종락·우재룡 등이 각자 소부대를 이끌고 활동하였음이 보고되고 있으므로[119]

---

117 『한국독립운동사자료 10』(의병편3), 四. 융희2년(1908) 4월, 경상도 「경주수비대에서 체포한 의병 중군장 박대중, 의병포군 류원수의 큼을 통보함」

118 『한국독립운동사자료 10』(의병편3), 四. 융희2년(1908)(三), 5월, 경상도 「경주수비구사령관 보고요지」

119 이석이는 부하 80명을 데리고 활동하고 있는데 이를 '영천대'라 부른다고 했다. 안동에는 강진수가 부하 미상을 데리고 '안동대'를 이끌고 있고, 청송군 일대에는 서종락이 부하 60명을 이끌고 '청송대'라고 부르는 의병부대를 이끌고 있다고 보고하고 있다.

최세윤은 의병을 해산한 것이 아니라, 전략으로 해산명령을 내렸던 것이다. 그것은 밀정들의 추격을 따돌리기 위한 작전이었다. 이는 당시 상황에서는 충분히 이해가 가는 조치였다.

무네오카(宗岡) 특무조장은 1908년 4월 29일 자 보고에서[120] '4월 25일 청하 서북 7리 월경(月境)에 도착하여 최종사(崔從事)[121]를 체포하고자 하였으나 이미 도주하여 소재가 불명이다.'라고 하였다. 이는 최세윤의 행동 일거수일투족이 이미 적에게 노출되고 있었다는 것이다. 시시각각으로 누군가가 일군 수비대에게 정보를 제공하고 있었다는 것을 최세윤은 감지했다. 그래서 최세윤은 1908년 4월 17일 덕동(德洞)[122]에 모인 약 30명 남은 의군들에게 자신은 경기도를 거쳐 충청도로 갈 것이라고 공개적으로 거취를 밝혔다. 결국은 그가 충청도로 간 것이 아니라 의진의 본부가 있던 장기(長鬐)로 몰래 되돌아왔다.

이러한 상황에서 1908년 4월 말 이후 의진 활동은 아래와 같이 주로 군자금을 모집하거나 일본군과 조우(遭遇)하여 의병들이 전사를 당하는 내용이 대부분이다.

---

120 『한국독립운동사자료 10』(의병편3), 四. 융희2년(1908)(三), 5월, 경상도 「경주수비구사령관 보고요지」
121 최세윤을 말함.
122 현재의 포항시 북구 기북면 오덕1리

- 1908년 5월 11일부터 13일까지 경주(慶州) 군내에서 대구(大邱)의 경찰수비대에 의해 의병 1명이 사살되고 2명이 포로로 잡혔다.
- 1908년 5월 15일(음력 4월 16일) 의병들이 천상리(川上里) 민가에서 군자금을 모집하였다.
- 1908년 5월 19일 장기(長鬐) 서남방으로 약 3리 떨어진 곳에서 포항 수비대와 의병 약 50명이 조우(遭遇)하여 의병 20명 전사하고 2명 포로로 잡혔다.
- 1908년 6월 4일 청송 진보 서방 20.5리 전투에서 의병 60명 중 6명이 전사했다.
- 1908년 6월 20일 청송 남방전투에서 의병 60명 중 15명이 전사했다.
- 1908년 6월 26일(음력 5월 28일) 최산두 등이 우각동 민가에서 군자금을 모집하였다.
- 1908년 6월 28일(음력 5월 3일) 최산두 등이 신광면 죽동 민가에서 군자금을 모집하였다.
- 1908년 6월 29일 영천 북방 상천 부근 전투에서 의병 30명 중 5명이 전사했다.
- 1908년 7월 6일(음력 6월 8일) 최산두 등이 청하군 죽장면 감곡동, 석양동 민가에서 군자금을 모집하였다.
- 1908년 7월 11일 진보 동방 50리 전투에서 의병 70명 중 8명이 전사했다.

- 1908년 7월 11일 청송 동북방으로 약 30리 반 떨어진 곳에서 청송 (靑松) 수비대와 의병이 교전하여 의병 12명이 전사했다.

- 1908년 7월 13일 경주 북방 물율(勿栗)에서 의병장 정사홍(鄭士洪)[123] 이 거느린 의병들이 식사를 준비하던 중 경주 북방지구 토벌대의 공격을 받고 55명이 전사하였다.

- 1908년 7월 14일과 15일 양일에 걸쳐 장기(長鬐) 남방으로 7리 떨어진 곳에서 장기분견대와 의병이 교전, 의병 7명이 전사하였다.

- 1908년 7월 21일 영양전투에서 의병 30명 중 12명이 전사했다.

- 1908년 7월 25일 영양 일월산 부근 전투에서 의병 70명 중 9명이 전사했다.

- 1908년 7월 30일(음력 7월 3일) 청하군 죽남면 개일동[124]에서 김성일, 모충이, 박신촌 등이 일본 헌병 등을 살해했다.

- 1908년 8월 5일 경주 동북 약 90리 계동(桂洞)[125] 전투에서 의병 13명이 일본군의 공격을 받아 3명이 전사하였다.

- 1908년 8월 2일부터 6일 사이 덕곡(德谷)[126]에서 의병장 정경생(鄭景生) 등 5명이 체포되었다.

---

123 정순기를 말한다.
124 현재의 포항시 북구 죽장면 개일리
125 현재 포항 북구 기계면 계전리(桂田里)이다. 1914년 계동(桂洞), 정자동(亭子洞), 신전동(新田洞)을 합하여 계전리(桂田里)라 하였다.
126 포항 인근의 내연산 북서쪽

- 1908년 8월 18일 영천전투에서 의병 15명 중 2명이 전사했다.
- 1908년 10월 28일 청송군 부남면 양숙동 민가에 의병장 최성집의 부하 10여 명이 군자금 조달 활동을 하였다.
- 1908년 11월 7일~8일(음력 10월 14일~15일) 이석이 부하 이대백(李大伯, 32세) 등 1백 수십 명이 청송군 모면 원매동에서 군자금을 조달했다.
- 1908년 11월 15일 이석이, 손수용 등 의병 7명이 청하군 죽남면 두마리 민가에서 군자금을 조달했다.
- 1908년 11월 22일 신령 남방 30리 전투에서 의병 20명 중 2명이 전사했다.
- 1909년 1월 경북 이석이 의병대 20여 명이 안동군내에서 활동하였다.
- 1909년 1월 30일(음력 1월 9일) 오두환, 김성일, 최재팔, 어호준, 김안농, 이칠령, 김원조, 신석존 등이 영덕군 외남면 회동에서 군자금을 조달했다.
- 1909년 2월 27일(음력 2월 8일) 오두환, 신석존 등 수 명이 영덕군 서면 산하동에서 군자금을 조달했다.
- 1909년 3월 7일 흥해군 기계면 인비동에서 의병 27명과 일본군이 교전하였다.
- 1909년 3월 11일 기계면 치동(致洞)에서 의병 20명과 일본군이 교전하였다.

- 1909년 3월 17일(음력 2월 26일) 오두환, 김성일, 어호준, 김원조 등 4명이 청송군 현동면 고적동에서 군자금을 조달했다.

- 1909년 3월 29일 울산군 강동면 지경리 민가에서 의병 6명이 군자금을 조달했다.

- 1909년 4월 5일 청하군 죽장면에서 최성집의 부하 조병정(趙兵丁) 등 의병 5명과 일군 수비대의 교전이 있었다. 이 교전에서 의병 1명이 전사하였다.

- 1909년 5월(음력 4월) 중 김성일(金盛一), 권용상(權龍相) 등이 청송군 현서면 문천동에서 군자금을 조달했다.

- 1909년 6월 15일 의병 이석이 등 14명이 청송군 현동면 양숙동(陽宿洞), 청하군 죽장면 등에서 수비대 등을 습격하였다.

- 1909년 7월 8일(음력 5월 21일) 김응용, 최무근 등 의병 8명이 흥해군 기계면 문성리에서 군자금을 조달했다.

- 1909년 6월 이석이가 청송군 현동면 부근과 산간 두 곳에 근거를 두고 부하들을 각 면에 출몰시키고, 이석이는 시장 등에서 친일파를 습격하기도 하고 민적조사를 방해하기도 하였다.

- 1909년 7월 9일 포항 서방 약 6리에서 의병 20여 명과 일본수비대가 교전하였다.

- 1909년 7월경 이석이 이하 의병 11명이 청송군 현동면, 부남면 등에서 군자금을 조달했다.

- 1909년 8월 16일(음력 7월 1일) 이석이 부하 수십 명이 흥해군 기계면 탱동(撐洞)[127]에서 군자금을 조달했다.
- 1909년 8월경 이석이 이하 11명이 청송군 현동면, 부남면 등에서 군자금을 조달했다.
- 1909년 9월 18일(음력 8월 5일) 김도언 등 의병 수 명이 경주군 강동면 양동에서 군자금을 조달했다.
- 1909년 9월 24일 이석이가 경북 청송군 현동면 도평동(道坪洞)에서 부하 1명과 같이 체포되었다.
- 1909년 11월부터 흥해·청하지역에 부하 6명을 거느린 김박천(博千), 부하 16명을 거느린 이성수(聖守)가 의병 활동을 하였다.
- 1909년 11월 26일 경주군 강서면 갑산동 민가에서 의병 수 명이 군자금을 조달했다.
- 1909년 11월 29일 의성군 점곡면 서변동 민가에서 의병 9명이 군자금을 조달했다.
- 1909년 12월 12일(음력 10월 30일) 이석이 부하 최성갑, 류학경이 청송군 현남면 약곡동에서 군자금 조달 활동을 하였다.

---

127 현재의 포항시 북구 기북면 율산리이다. 기북면 소재지인 신기리의 동남방에 물밤, 동북방에 봇골, 거산(巨山)이 있다. 1914년 물율(勿栗)과 거산(巨山)에서 각 한자씩 따와 율산이라 했다. 물율에는 탱동과 거산(巨山)이란 자연부락 있었다. 현재 마을과 봇골 사이 산기슭에 형성되었던 마을이 탱동인데 지금은 그 흔적이 없다.

- 1909년 12월 18일 청송 남방 80리 전투에서 의병 10명 중 4명이 전사했다.
- 1910년 1월 6일(음력 11월 25일) 서주일의 부하인 권석출 등이 청송군 현남면 약곡동 민가에서 군자금을 조달했다.
- 1910년 1월 21일 청하 부근 전투에서 의병 12명 중 3명이 전사했다.
- 1910년 5월 1일 청하군 죽북면 옥계산 부근에서 의병 7명과 교전, 의병 1명이 전사했다.
- 1910년 5월 8일 영천군 자양면 도평동 전진달의 집에 의병 5명이 들어와 일경 토벌대가 급파되었다.
- 1910년 6월 5일 신령군에 의병 6명이 군용품을 조달했다.

이처럼 최세윤 부대는 무기와 인원, 보급 등 여러 가지 여건이 갖추어지지 않은 열악한 환경에서도 경상북도 전역에서 1910년 6월경까지 활동을 했다.

그러나 전황 전반에서 보는 바와 같이 결과는 무수한 희생자만 나왔다. 이런 피해는 산남의진만 해당하는 것은 아니었다. 1907년 7월부터 1908년 5월 19일까지의 의병 희생자가 총 13,445명에 달했다. 이에 비하여 일본 측은 수비대 56명, 경찰

55명, 헌병 4명으로 모두 115명이 사살되었다.[128] 단순계산으로 일본 군경 1명당 의병은 117명이 숨졌다. 이를 보면, 1905년부터 1910년 말까지의 국권 회복을 위한 의병 활동인 후기의병 전쟁은 의병과 일본 군경 간의 전투라기보다는 일본 군경에 의한 일방적인 의병 학살 전쟁이라 해야 더 맞는 말이었다.

128 『보병 제14연대 진중일지』 1908년 5월 24일 기록

최세윤 붙잡혀 서대문형무소에서 순국하다

최세윤 의병부대는 1908년 7월 13일 포항 기계면 물율(勿栗)[129]전투에서 의병 55명이 전사하는 등 큰 타격을 입었다. 그 무렵에 최세윤의 곁에서 수발하던 맏아들 최산두(崔山斗)마저 일본 군경에 체포되었다. 당시 21세였던 최산두는 어린 나이임에도 의진의 군자금 모집 활동을 담당하였다. 최산두는 일본 군경의 심문에도 굴복하지 않고 아버지의 소재를 함구하다가 1908년 9월 30일 대구지방재판소에서 종신(終身) 징역형을 받고 끝내 대구 감옥에서 순국하였다.[130] 설상가상으로 그해 8월 기계면 계동(桂洞)전투와 이어진 내연산 북쪽의 덕골(德谷)전투에서 수많은 의병이 희생되거나 포로가 되는 비운을 겪었다.

최세윤은 일본수비대의 중요 지명수배자가 되어 활동이 자유롭지 못했다. 1909년 1월 17일경까지도 일본 군경은 그를 최성집(崔聖執)이라는 이름의 '폭도 수괴'로 분류해 검거에 혈안이 되어있었다.[131] 1909년 6월 21일에도 여전히 '적괴 정환직의 계류인 정

---

129 현, 포항 기북면 율산리
130 최산두의 판결문. (대구지방재판소, 1908. 9. 30)
131 『폭도에관한편책』「폭도수괴에 관한 조사보고」隆熙 3年 1월 작성, 諸통계표(1909년 1월 17일 작성)

환생(鄭煥生)이 수괴 이석이와 재거(再擧)를 꾀한다는 소문이 있다'라고 보고하며 산남의진의 의병 수뇌들을 추적하고 있었다.[132]

이처럼 최세윤은 일본 군경뿐만 아니라 곳곳에서 정보원으로 활동하는 자들 때문에 일선에 나서는 것 자체가 어려웠다. 그렇지만 대장의 지휘를 받은 이석이·우재룡 등과 같은 일부 주요 부장(副將)은 남은 부대원을 이끌고 불굴의 항전을 계속하였다.

1908년 10월 1일 경상북도 관찰사 박중양은 경무국장 마츠이시게루(松井茂)에게 '최세윤이 끝내 종적을 감추어 현재 소재 불명이다'라고 보고했다.[133] 최세윤은 그렇게 일본 군경들을 따돌리며 뒤에서 의병들을 지휘하고 있었다. 그러나 현상금을 걸고 정보원들을 동원한 일본 군경의 추적을 끝까지 피하지는 못했다. 꼭꼭 숨었던 최세윤은 1911년 초가을, 장기군 용동에서 체포되었다. 최세윤은 체포될 때까지 남동대산 부근인 장기군 일대에서 몰래 의진을 지휘하였던 것이다.[134] 체포 당시 최세윤의 나이는 45세였다. 그는 청하 헌병분대로 압송되는 도중에 다음과 같은 시 한 수를 지었다.

---

132 1909년 6월 21일 경상북도 관찰사 박중양(朴重陽)이 내부신 박제순(朴齊純)에게 보고한 「폭도상황보고」

133 『폭도사편집자료』, 「경상북도관찰사 적도 상세에 관한 보고」 (1908. 10. 1.)

134 최세윤의 판결문상 주거지는 '경상북도 장기군 내남면 용동'으로 기재되어 있다.

나라가 망하고 집이 망한 지도 여러 해 되었는데(國破家亡已有年)

아직도 실낱같은 목숨이 있어 하늘이 부끄럽구나(尙存一縷愧蒼天)

대장부 이제야 죽을 곳을 알았으니(丈夫自此知歸所)

은나라에는 백이 숙제가 있고, 제나라에는 전횡(田橫)이 있었다네(殷有
夷齊齊有田)

　형산강 나루에 이르렀을 때 최세윤은 자진(自盡)을 결심하고 강물에 투신하였다. 그러나 일본 경찰과 보조원들이 급히 구하여 뜻을 이루지 못하였다. 그들이 최세윤을 때리려고 달려들었지만, 그는 성난 눈을 부릅뜨고 엄하게 꾸짖었다. 사색(辭色)이 너무도 늠연(凜然)해서 호송을 담당한 일군들도 그 의기에 짓눌리고 말았다.

　최세윤은 청하 헌병분대에 인치되어 조선총독부 경시(警視) 기무라 기헤이(木村儀平)로부터 피의자신문조서를 받고 다시 대구경무서로 압송되었다. 이때 최남두(崔南斗), 구중서(具重書), 손수락(孫秀絡), 권대진(權大震), 정기수(鄭基洙), 이우인(李雨仁) 등이 참고인으로 조사를 받았다. 최세윤은 1911년 11월 15일 대구지방재판소에서 '강도' 죄를 적용하여 징역 10년형을 선고받았다. 약 1개월 후인 1911년 12월 12일 대구공소원의 2심 재판에서는 항소가 기각되어 10년형이 그대로 확정되었다. 의병장이라는 그의 신분이 이미 노출되었고, 이석이와 김선일을 포함한 수많은 그의 부하들이 교수형이나 총살을 당했는데도 불구하고, 그에게는 징역 10년을 선고한 게 뜻밖이다. 아마 당시는 이미 국권침탈이 되었고, 국내 의병들이 거의 소탕된 시점이었으므로 제도적으로 의병들에 대한 일종의 관용이 베풀어졌거나, 증인으로 소환된 사람들이 그에게 매우 유리한 진술을 하여 범죄 혐의를 입증할 만한 증거가 부족했던 결과였을 것이다.

최세윤은 대구형무소에 갇혔을 당시 일본 관리들에게 "나는 내 나라를 위해서 거사를 했으나 일이 이루어지지 않은 것은 하늘의 운명이다. 죽음이 있을 따름이니 빨리 죽여다오"라고 대들기도 했다.[135] 최세윤은 대구형무소에서 서대문형무소로 이감되었다가 갇힌 지 5년이 지난 1916년 8월 9일 결국 순국하였다. 광복의 기회가 오지 않으리라 생각하고 단식투쟁을 벌이다가 10여 일 만에 숨을 거두었다. 이때 그의 나이는 50세였다.[136] 부인 파평윤씨도 남편이 죽은 이듬해 7월 1일 화병으로 사망하였다.

---

135 최세윤의 수감생활 중 일제에 항거한 행동에 대해서는 죽장면 지동(芝洞) 출신으로 산남의진에 참여하였다가 검거되어 1911년 9월 29일 대구지방재판소에서 7년 형을 선고받고 복역하다가 1918년 만기 출소한 백영촌(白永村, 일명 白南信)의 입으로 생생히 증언되었다.

136 『농고실기』

최세윤과 그의 부인 윤씨, 장남인 최산두마저도 모두 나라를 위해 목숨을 바친 집안은 그로 인해 풍비박산(風飛雹散)됐다. 3남 인 최산룡(崔山龍)이 겨우 살아남았으나 일제강점기 동안 항일투 쟁 집안이란 이유로 철저히 무시당하고 외면당하였다. 장남인 최산두가 자식을 두지 못하고 사망함으로 인해 최세윤의 대(代) 는 최산룡의 장남인 최무석(崔武釋)이 최산두의 양자로 입적되어 겨우 잇게 되었다.

의병장 가문이 당했던 가혹한 수난들을 짐작해볼 때 의병장의 시문과 의병 활동 당시의 행적 등이 보존된다는 것은 매우 어려 운 일이었다. 최세윤도 예외는 아니었다. 그가 감옥에서 순국한 시기는 일제의 만행이 극도로 심했던 1916년 8월이었다. 그래 서 수십 수에 달했다는 문상객들의 만사(挽詞)와 제문(祭文)은 물 론이고, 살아생전 최세윤이 직접 지었던 다른 의병장들에 대한 제문과 만사 등이 보존되지 못한 것이다. 다행히 어렵게 찾은 몇 편의 단편적인 글과 고로(古老)에 의해 구전된 행적들이 남아있 어서 이를 통해 그의 사상과 활동을 정리할 수 있었다는 게 다행 이었다.[137]

---

137 최세윤 일가의 가계는 항일투쟁한 전력으로 인해 형언할 수 없을 정도로 비참하였기 에 자손들이 번성하지 못했다. 그 때문에 그의 항일행적이 일찍이 세상으로 드러나지 않았다. 이를 애석히 여긴 곡강 최씨 집안의 최덕은(崔德殷)씨는 1960년대 후반 공의 사적이 인멸되는 것을 애석히 여겨 국가에 서훈(敍勳) 신청을 하여 1968년 3월 1일

포항 흥해 영일민속박물관에 자리 잡은 '한말의병항왜혈전기념비'.
산남의진을 비롯한 지역 의병들의 항일정신을 기리기 위해
만들어졌다.

국가로부터 건국훈장 국민장(제407호)을 추서 받았다. 1976년 10월 26일 흥해 송학
동(현 학전리) 공동묘지에 장례되어 있던 묘를 부인 윤영덕 여사의 묘와 함께 서울 동
작동 국립묘지(國立墓地)로 옮겨 합장하였다. 이어서 1978년 농고실기(農皐實記)를
편찬하였다.

3대 대장까지 없어진 산남의진은 각기 흩어져 항전을 계속하다가 대개는 순절, 투옥 또는 국외로 망명을 하였다. 산남의진 선봉장이었던 우재룡은 끝까지 살아남아서 1915년 7월 15일 대한광복회[138]를 결성한 주역 중 한 사람이 되었다. 1945년 8월 15일, 일제 36년의 설움을 극복하고 나라를 되찾았을 때, 그 광복의 중심에 섰던 대한광복회에서는 그 이듬해인 1946년 2월에 산남의진 창의대장 정용기와 참모장 손영각 등 많은 장졸이 전사한 포항 죽장 입암전투지[139]에서 위령제를 거행하였다. 이를 계기로 산남의진의 역사를 공적인 기록으로 남기자는 의견이 모였고, 집필자인 이종락·이병기 등이 의진에 직접 참여하여 활동하였던 이순구를 비롯한 참여 의사들의 증언과 유족들의 증거자료들을 참고하여 『산남창의지』를 써서 남겼다.

138　1915년 7월 대구에서 광복단과 조선국권회복단의 일부 인사가 통합하여 대한광복회를 결성하였다.
139　지금의 포항시 북구 죽장면 입암리 입암서원 앞

산남의진의 역사적 성격과 가치

산남의진은 을사늑약 직후 1906년 3월 정환직·정용기 부자가 고종의 밀지를 봉행하여 영일 죽장면을 중심으로 1,000여 명의 의병으로 창의하여 제3대 최세윤 의병대장이 체포되는 1911년 9월까지 약 5년 동안 활동하였다. 일제강점의 검은 구름이 질풍노도처럼 밀려오던 구한말의 상황에서, 산남의진에 참여하여 투쟁하다 사라져간 의병들의 행적들은 위대한 것이었다. 그에 관한 역사적 가치와 의의를 간추려 보는 것은 우리에게 맡겨진 역사적 과제임에 틀림이 없다.

산남의진은 첫째, 고종황제의 측근이었던 정환직이 황제로부터 밀조(密詔)를 받아 창의된 공식적인 의진이었다. 그 때문에 의병의 모집과 군수품의 조달 등이 다른 의진들에 비해 쉬웠다.

둘째, 의진 구성원의 출신 지역과 활동 범위가 경북은 물론 경남지역까지 널리 분포되어 있었다. 그동안 일본 군경과 130여 회의 항전을 치르고, 약 700여 명의 사상자를 낸 의병진으로서, 항전 기간과 항전 횟수 등으로 볼 때 당시 영남지역 의병진 가운데 규모가 가장 컸다. 그래서 산남의진은 '문경새재 이남'이라는 진호 그대로 영남지역을 대표하는 의진이었다.

셋째, 의진의 대장이 당대에서 끝난 것이 아니라 정용기, 정환직, 최세윤에 이르기까지 무려 3대가 이어졌다. 이런 사례는 국내 의병사에서 찾아보기 어렵다.

넷째, 서울 진공 작전을 선구적으로 계획했다. 비록 이 작전이 구체화하여 단독으로 실현하지 못하고, 또한 정미의병 때 '13도 의병연합부대'의 서울 진공 작전에도 참여하지 못했으나, 그 궁극적인 목표가 서울에서의 결전을 통해 국권을 회복하자는 데에 있었다. 이는 한 말 전국의 의병항쟁 마지막 과제였던 서울 진공 작전의 선구적인 발상이 되었던 점에서 의의가 있다.

다섯째, 산남의진에 참여했던 인물 가운데는 계몽운동과 국채보상운동, 3·1운동에서도 활발하게 참여했던 경우가 확인된다. 이것은 의병운동과 민족운동 나아가 3·1운동과의 관계 설정에 유의미하다. 정용기 대장은 1907년 영천지역에서 '국채보상단연회' 회장에 추대된 바 있었고, 양제안(梁濟安) 역시 1905년 대구에서 국채보상운동에 주도적으로 참여하였다. 또 최세윤은 1896년 안동의진 참여 후 흥해의 학림학당에서 교육활동에 종사한 바 있다. 그 외에도 정성욱(鄭成郁)은 포항 청하의 3·1운동에도 참여하였고, 장준호(張俊灝)도 3·1운동에 가담하였다가 체포되어 많은 고초를 겪었다.[140]

---

140 『산남의진유사』, p.482. 장준호의 「독립운동자공적조서」

여섯째, 산남의진은 전기의병(을미의병)을 계승했다는 의의가 있다. 의진 지도부의 최세윤, 구한서, 정래의, 이순창 등은 전기의병 때 직접 활동했던 인물들이다. 또 홍구섭은 안동의진 후선봉장 홍병태의 아들, 장영집사 김진영은 청송의진 중군장 김대락의 아들이다. 그 밖에도 이준구, 양제안 등 전기의병에서 활동하였던 인물들이 다수 확인된다.[141]

일곱째, 산남의진의 항일투쟁은 국외, 즉 만주지역 독립운동에도 일정 부분 영향을 미쳤다. 산남의진에서 활동하던 인물 중 우재룡, 임중호, 양제안, 오치운, 손수조, 최차돌, 최돌이 등과 같은 명망있는 인사들이 만주로 옮겨가 독립운동 활동을 계속하였다.[142]

마지막으로 산남의진에는 형제, 친인척, 그리고 문중(門中) 단위의 참여자가 많았다. 정환직 일가의 경우는 정환직, 정용기, 정옥기 삼부자를 비롯하여 그 일족 20여 명이 참가하였다. 여강이씨의 경우 이한구, 이경구, 이순구 3형제와 외숙인 성낙희까지 참여하였고, 죽장 매현의 월성 손씨 문중 경우에는 문회(門會)를 열어 문중 전체가 의병에 참여하기로 결의했다. 특히 손영각

---

141 권영배, 「산남의진의 활동과 성격」, 『포항문화』(포항문화원) 제12호, p.35
142 권영배, 앞의 논문, p.36

의 경우 동생인 손영준 등 형제들과 여서(女婿)인 구회수(具會守)까지 참여하였다. 청송 월매의 영양남씨는 남석구를 비롯한 그 일족 18명이 참여했다. 홍구섭(洪龜燮)과 홍우섭(洪禹燮)은 형제지간으로 1896년에 결성되었던 청송의진의 선봉장 홍병태(洪秉泰)의 장남과 차남이다. 김수달과 김운달, 최돌이와 최차돌, 정치석과 정치우, 이형표와 이형윤, 성낙희와 성낙호도 각각 형제지간이다. 기계면의 서인찬(徐仁讚)과 서종표(徐仲杓)는 아재비와 조카 간이다. 그 외에도 안동권씨, 능성구씨, 한양조씨, 영천황보씨 등 족중(族中)이나 6촌 이내의 친인척 단위의 참여자가 많았다는 점도 산남의진의 특징이다.

맺는말

　포항은 동해안 최동단의 변방이었다. 변방이기 때문에 여기에 살다간 사람들은 왜구와 여진족의 침입에 대비해 해안에 진을 만들고 성을 쌓아 싸워야 했다. 전 국토가 왜군들에게 유린당하던 임진왜란 때는 겉으로는 충효를 강조하면서도 달아나기에만 급급했던 비겁한 지방관들과는 달리 재지 사족과 평민들이 의병을 일으켜 목숨 던져 싸웠다. 이런 역사적 경험이 축적된 가운데 근대 일본의 국권침탈이 노골화되었을 때 백성들이 들불처럼 일어나 항거하였다.

　이제까지 살펴본 지역민들의 외세 투쟁은 참으로 슬프지만, 한편으로 자랑스러운 지역의 역사이다. 힘없는 나라의 변두리 백성들로서 운명처럼 고난을 겪었을 그 시대의 사람들을 생각하면, 과연 국가의 존재 이유가 무엇인지에 대하여 다시금 생각하게 한다. 백성들을 도탄으로 치닫게 한 것은 모두 국가와 위정자들의 부실이었다. 외부의 침략자들로부터 당한 핍박과 원한들이 백성들에게는 뼈에 사무칠 만큼 가슴속 깊이 파고들었으니, 그렇게 만든 통치자가 바로 범죄자가 아니고 무엇이겠는가?

조선 선조의 무능한 정치력과 대신들의 당파싸움, 국방에 대한 무방비는 임진왜란의 피해로 직결되었다. 그 전쟁으로 백성의 80%인 600만 명이 왜적에게 희생되었다. 나라 전체가 속수무책으로 헤어나기 힘든 도탄에 빠졌을 때 지역민들은 임란의병으로 홀연히 나섰다. 구한말 세도정치와 통상수교 거부정책의 폐해로 마침내 일제에 나라를 빼앗기는 어처구니없는 일을 당한 것도 위정자들의 무능과 부패 때문이었다. 300여 년 전, 임진왜란 때 그랬던 것처럼 잃어버린 나라를 찾기 위해 또다시 나서 싸울 수밖에 없었던 이 지역 민초들의 처절하고 절박한 심정이 그대로 저미어 온다.

오늘날의 정치 현실은 이전투구나 다름없다. 지나간 일을 반추하여 치열한 자기반성을 해야만 발전이 있다. 그게 바로 역사의 존재 이유가 아닌가. 부끄러운 역사를 잊은 민족은 반드시 이를 반복하게 된다는 진리를 역사의 거울은 말해주고 있다.

포항의 반외세 항쟁사는 불의의 침입에 저항하는 광명정대성과 충절이 숨 쉬는 역사였다. 국운이 풍전등화와 같은 시기에 분연히 일어나 외세에 항거하며 고귀한 목숨을 초개처럼 던진 우리 고장의 민초들, 나라와 백성을 구하려 한 임란의병, 을미의병, 산남의진 의병들의 그 위대하고 숭고한 살신성인의 의기

(義氣)를 우리는 기억해야 한다. 그들의 고귀하고도 위대한 구국 정신을 이제는 내적개발과 지역결속을 다지는 힘으로 되살려야 한다.

지역의 역사가 모이면 곧 한 나라의 역사가 된다는 말은 역사 학도들에게 너무나 익숙하다. 지역에서 일어났던 크고 작은 외세 항쟁사들을 좀 더 연구하고 체계화하여 역사의 거울로 삼는 작업이 앞으로도 무궁하게 이어지기를 바랄 뿐이다.

참고문헌

단행본

『각사등록』 근대편

『경상도지리지』(1425)

『고려사』

『교남공적(嶠南公蹟)』

『宣祖實錄』

『신증동국여지승람(新增東國輿地勝覽)』

『최선생문집도원기서(崔先生文集道源記書)』

『동경대전(東経大全)』

『동사강목』

『용담유사(龍潭遺詞)』

『벽산선생창의전말(碧山先生倡義顚末)』

『농고실기(農皐實記)』

『산남창의지(山南倡義誌)』

『산남의진유사(山南義陣遺史)』

『남헌유집(楠軒遺集)』

『매천야록』

『적원일기(赤猿日記)』

『백산실기(白山實記)』

『대한민국독립유공인물록(大韓民國獨立有功人物錄)』

김부식 지음, 이병도 역주, 『삼국사기』, 1996

김유성 역, 『토요토미 히에요시의 조선 침략』, 2008

김하락, 『진중일기』

김현용, 『수월재선생유고』

독립기념관, 『한국독립운동사사전』

독립운동사편찬위원회 『독립운동사자료집』 별집

독립운동사편찬위원회, 『독립운동사』

류시중 외, 『국역 고등경찰요사』

박의장, 『觀感錄』

배용일·이상준, 『포항의 독립운동사』, 2017

손엽, 『용사일기』

송상도, 『기려수필』

신흠, 『역주 난적휘찬』, 역락, 2010

양한위, 『양벽도공제안실기』

영일군사편찬위원회, 『영일군사』, 1990

이대임, 『죽계실기』

이상준, 『장기고을 장기사람 이야기』, 2006

이영덕, 「三省齋遺蹟」, 1983

이탁영, 『정만록(征蠻錄)』

이형석, 『임진전란사』

조경남, 『亂中雜錄』

조정, 신해진 역주, 『검간 임진일기』

천도교중앙총부, 『해월신사의 생애와 사상』, 1969

총독부 경무국, 『폭도사편집자료』, 경상북도편

최효식, 『경주부의 임란항쟁사』, 1993

토지주택박물관, 『보병 14연대 陣中日誌』

포항시사 편찬위원회, 『포항시사』, 2010

홍운, 『白雲齋實紀』

논문

권대웅, 「농고(農皐) 최세윤(崔世允)의 생애와 의병투쟁」, 최세윤 의병대장 기념사업회 학술자료집

권영배, 「산남의진의 활동과 성격」, 『포항문화』(포항문화원) 제12호

김기현, 「1871년 영해동학혁명의 사료와 자취」 『동학학보』 제30호

김상기, 「'제14연대 진중일지'를 통해 본 일본군의 의병탄압」, 『한국독립운동사연구』 제44집

배용일, 「山南義陣考-鄭煥直·鄭鏞基 父子 義兵將 活動을 中心으로-」, 『포항1대학논문집』, 제6집

배용일, 「산남의진과 제3대최세윤 의병대장 연구」, 『포항의 역사탐구』. 포항1대학

신진희, 「의성지역 향촌지배층의 동학농민군 진압」, 『한국근대사연구』 2013년 여름호 제65집

오세창, 「벽도 양제안의 항일구국운동」, 『한국사연구휘보』 제75호

이승윤, 「후기 의병기 일본군의 사찰 탄압」, 『한국근대사연구』 2014년 가을호 제70집

임형진, 「동학초기 경상도 일대의 포조직과 혁명군 지도자 연구」, 『동학학보』 제35호

장준호, 「임진왜란 시 朴毅長의 경상좌도 방위 활동」, 한국학중앙연구원 석사학위 논문, 2008.

조동걸, 「대한광복회의 결성과 그 선행조직」, 『한국학논총』 5집

채길순, 「경상북도 지역의 동학활동 연구-사적지를 중심으로」, 『동학학보』 제27호

포항학총서 03
포항지역 반외세 항쟁사 ⓒ이상준

발행일   2023년 2월 28일 초판 1쇄
발행처   포스텍 융합문명연구원
지은이   이상준

펴낸곳   도서출판 나루
펴낸이   박종민
디자인   홍선우
등록번호 제504-2015-000014호
전화   054-255-3677
팩스   054-255-3678
주소   포항시 북구 우창동로 80
페이스북 www.facebook.com/narubooks

ISBN   979-11-978559-8-6 04090
          979-11-974538-6-1 04090 (set)

본 저서는 포스텍 융합문명연구원의 지원을 받아 연구되었음.
This book published here was supported by the POSTECH Research Institute for Convergence Civilization (RICC).